Partizipation im Ganztag

Einblicke, Erfahrungen & Impulse

Qualität in Ganztag, Hort und Schulkindbetreuung

BEST PRACTICE

Julia Klimczak

Partizipation im Ganztag

Einblicke, Erfahrungen & Impulse

Mit Illustrationen von Sünne van der Meulen

HERDER

FREIBURG · BASEL · WIEN

www.herder.de

Illustrationen: Sünne van der Meulen

Gesamtgestaltung und Satz: Sabine Ufer, Leipzig
Annett Jana Berndt, Radebeul

Herstellung: Plump Druck & Medien GmbH, Rheinbreitbach
Printed in Germany

ISBN Print 978-3-451-39399-0
ISBN E-Book (PDF) 978-3-451-83121-8
ISBN E-Book (EPUB) 978-3-451-83119-5

Inhalt

Vorbemerkung 7
Einführung: Kindern eine Stimme geben 8

Praxisbeispiel: Offene Arbeit und Themenräume 14
Chancen & Herausforderungen 15
Offene Arbeit im Kinderhaus Brunsviga e. V., Braunschweig 16
Einblicke – Ein Ortsbesuch 17
Transfer in die Praxis 18
Ausblick 21

Praxisbeispiel: Kreise | Reflexionsrunden 22
Chancen & Herausforderungen 23
Reflexionsrunden in der Winterhuder Reformschule – Stadtteilschule Winterhude 24
Einblicke – Ein Ortsbesuch 24
Transfer in die Praxis 25
Ausblick 27

Praxisbeispiel: Kinderparlament 28
Chancen & Herausforderungen 29
Das Kinderparlament in der Merianschule, Frankfurt 30
Einblicke – ein Ortsbesuch 30
Transfer in die Praxis 32
Ausblick 35

Praxisbeispiel: „Demokratie (er)leben“ 36
Chancen & Herausforderungen 37
Demokratiebildung in der Ganztags-Grundschule Comeniusstraße, Braunschweig 38
Einblicke – ein Ortsbesuch 39
Transfer in die Praxis 40
Ausblick 43

Praxisbeispiel: Sozialraumerkundung 44
Chancen & Herausforderungen 45
Sozialraumerkundungen im Hort Tigerente, GBS Hinsbleek, Hamburg Wandsbek 46
Einblicke – ein Ortsbesuch 47
Transfer in die Praxis 48
Ausblick 51

Praxisbeispiel: Ferienprojekt Kinderstadt 52
Chancen & Herausforderungen 53
Kinderstadtprojekt: „Wir bauen uns unsere Stadt Williburg" in Hamburg, Wilhelmsburg 54
Einblicke: „Wir bauen uns unsere Stadt Williburg" 55
Transfer in die Praxis 56
Ausblick 59

Herausforderungen wagen – Haltungen verändern 60

Links & Literatur 62
Dank 64

Vorbemerkung

Kindern eine Stimme zu geben ist nicht als Geschenk zu sehen – es ist ihr Recht, das einforderbar ist und das es umzusetzen gilt.

Die Entwicklung der Ganztagsschulen in Deutschland hat mit der Einführung des Rechtsanspruchs auf Ganztagsbetreuung ab 2026 eine neue Dynamik gewonnen: Die gesellschaftlichen Rahmenbedingungen und die Vorgaben der Bildungspolitik wirken maßgeblich dahingehend, wie Bildung und Betreuung von Kindern zukünftig ausgestaltet werden wird. Bestehende Konzepte sind zu überprüfen, neue zu entwickeln.

Das Fundament aller Überlegungen ist die Orientierung am „Wohl" des Kindes, festgeschrieben in der UN-Kinderrechtskonvention (1989): Die Kinder werden als mit Rechten ausgestattete Subjekte anerkannt, deren Perspektiven maßgeblich zu berücksichtigen sind (vgl. Walther et al. 2021: 9).

In diesem Band steht das Recht der Kinder auf Partizipation im Vordergrund. Kinder haben das Recht, gehört zu werden, mitzuwirken und mitzubestimmen. Und: Kinder *wollen* ihr Lebensumfeld mitgestalten und Verantwortung übernehmen (vgl. Enderlein 2023). Es ist Aufgabe der Erwachsenen, mit den Kindern Formate zu schaffen, um Beteiligung im Alltag zu ermöglichen.

Sechs Beispiele gelingender Umsetzung von Partizipation im Ganztag stelle ich auf den folgenden Seiten vor: Unterschiedliche Formate, umgesetzt im Alltag, sowie zwei Beispiele für die Ferienbetreuung oder Projektwochen.

Ich habe die Schulen besucht und bin mit Kindern, pädagogischen Fachkräften und Lehrkräften in Dialoge gegangen. Ihre Aussagen zu Erfahrungen, strukturellen Rahmenbedingungen und Prozessen, die zur Umsetzung nötig waren, habe ich festgehalten. Besonders beeindruckt haben mich die Kinder mit ihrer Offenheit und ihrer Bereitschaft, mit mir ihre Sichtweisen zu teilen.

Die Stimmen der Kinder eröffnen jedes Kapitel. Nach Einblicken in die „Partizipationskultur" der jeweiligen Einrichtung sind am Ende eines jeden Kapitels konkrete Hinweise zur Umsetzung aufgeführt. Denn ich möchte Sie ermutigen, sich auf den Weg zu begeben, Kinder aktiv mitgestalten und mitbestimmen zu lassen, auch wenn die Strukturen manchmal widrig erscheinen – Stichwort: Fachkräftemangel.

Lassen Sie sich für Ihre eigene Praxis von den spannenden Beispielen gelingender Umsetzung anregen und inspirieren.

Julia Klimczak

Einführung: Kindern eine Stimme geben

Der Beschluss, die Ganztagsbetreuung für Kinder im Grundschulalter ab 2026 zu gewährleisten, bedeutet eine zunehmende Institutionalisierung der Kindheit. Mehr und mehr Kinder verbringen einen gesamten Arbeitstag oder auch einen längeren Zeitraum in einer Einrichtung der öffentlichen Betreuung, Bildung und Erziehung. Der Ganztag wird zum Lebensraum – auch für die dort pädagogisch tätigen Akteure.

Um einen qualitativ guten Ganztag zu gestalten und umzusetzen, sind die Beschäftigten im Ganztag in der Verantwortung, die Rechte aller Kinder in den Blick zu nehmen und ihre Interessen bei der Gestaltung des Tages zu berücksichtigen. Das ist ein Teil ihres Bildungsauftrags.

Die Entwicklungspsychologin Oggi Enderlein hat die alterstypischen Lebensthemen und Bedürfnisse von Kindern im Grundschulter herausgearbeitet.

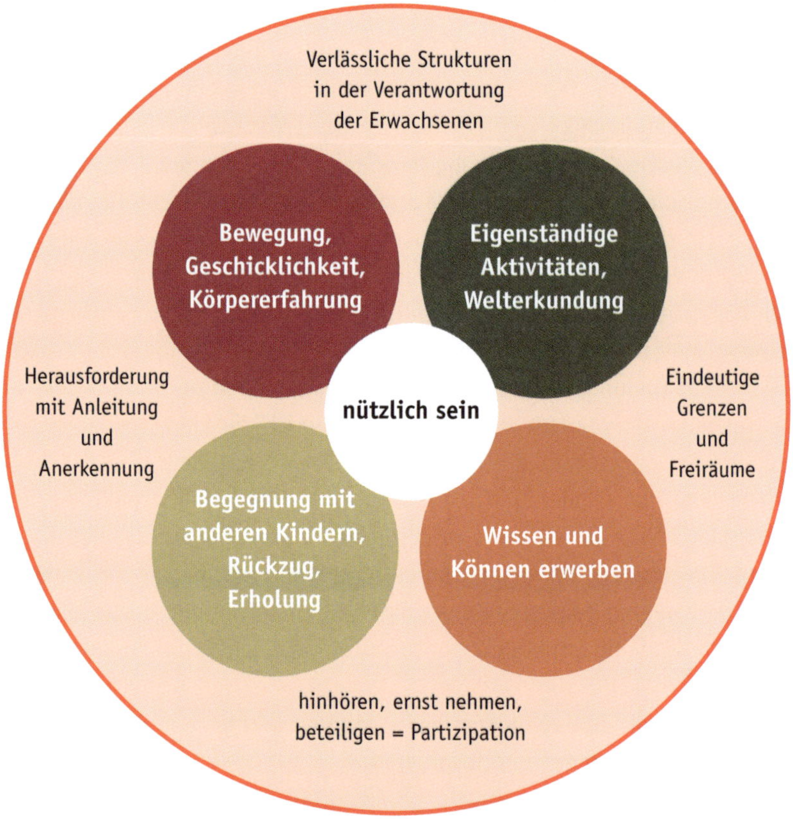

Entwicklungsrelevante Bedürfnisse von Kindern im Grundschulalter
Quelle: Enderlein 2015: 50

Die Lebensthemen sind ein wichtiger Orientierungspunkt für die Ausrichtung der Arbeit im Ganztag. Neben Körpererfahrungen, dem Erwerb von Wissen und Können, selbstbestimmten Aktivitäten, dem Zusammensein mit anderen Kindern steht das „nützlich sein" im Zentrum: Kinder haben das Bedürfnis, gebraucht zu werden. Sie wollen ernst genommen werden. Sie wollen mitgestalten und mitentscheiden.

Kinder zu beteiligen ist – aus juristischer Perspektive (siehe Zusammenfassung S. 11) – eine Pflicht von Erwachsenen, aber auch im Rahmen des Bildungsauftrags notwendig: Teilhabe, entsprechend dem Entwicklungsstand des Kindes, trägt zur Übernahme von Verantwortung, zur Entwicklung von Selbstbewusstsein und Konfliktlösefähigkeit bei.

Während meiner Recherchen zu diesem Buch ist aufgefallen, dass die Mehrheit der befragten Kinder Partizipation als etwas Alltägliches wahrnehmen. Gleichzeitig haben sie mitgeteilt, dass sie mitbekommen, dass es längst nicht überall selbstverständlich ist, mitbestimmen zu können in der Institution Ganztagsschule. Mitbestimmung wird als besonderes Merkmal herausgestellt, das zu ihrem Wohlbefinden beiträgt. Bildung und Lernen kann dann am besten gelingen. Da sind sich Kinder, pädagogische Fachkräfte, Lehrkräfte und Eltern einig.

Kinder brauchen Erwachsene, die ihre Interessen ernst nehmen und sich als Dialogpartner und -partnerinnen einbringen: „Kinder wünschen sich pädagogische Fachkräfte, die zusammen mit ihnen nicht nur eine rollenförmige Beziehung gestalten, sondern eine persönliche Beziehungsebene pflegen, die von Freundlichkeit und Respekt geprägt ist. Sie wünschen sich vertrauensvolle, emotional warme Interaktionen, in denen sie als ebenbürtig anerkannt und ernst genommen werden, Verantwortung übernehmen können und zur Partizipation eingeladen werden" (Walther et al. 2021: 35).

Es ist die Aufgabe der Erwachsenen, mit den Kindern gemeinsam Formate zu schaffen, um Beteiligung im Alltag zu ermöglichen, einige möchte ich Ihnen im Folgenden vorstellen, wie zum Beispiel Offene Arbeit (S. 14–21), Reflexionsrunden (S. 22–27), ein Kinderparlament (S. 28–35), Demokratiebildung als Querschnittsaufgabe (S. 36–43), aber auch Sozialraumerkundung (S. 44–51) oder ein Kinderstadt-Projekt (S. 52–59). Bei allen Beispielen zeigt sich: Nur im gemeinsamen Tun, in dialogischen Auseinandersetzungsprozessen, kann Partizipation Schritt für Schritt zum durchgängigen Prinzip im Alltag werden.

Was bedeutet Partizipation konkret?

In der Pädagogik werden unter Partizipation verschiedene Formen von Beteiligung, Teilhabe und Mitbestimmung verstanden.

Zunächst der Blick auf Fehlformen von Partizipation, sogenannte Scheinpartizipation. Dazu zählt die gezielte Lenkung von Kindern unter Missachtung ihrer Bedürfnisse (Fremdbestimmung), die Mitwirkung ohne Informationen über die Ziele der Beteiligung (Dekoration) und die Anhörung der Kinder, ohne dass das von ihnen Vorgetragene irgendeine Wirkung hat (Alibi-Teilhabe).

> Eine Reflexion aller Beteiligten und insbesondere die Befragung der Kinder sind nach Einführung eines partizipativen Formats wichtige Instrumente zur Qualitätssicherung und -weiterentwicklung, damit gut gemeinte Beteiligungsideen nicht in einer Form der Scheinpartizipation münden.

Folgende positiv zu bewertenden Beteiligungsgrade lassen sich unterscheiden: Teilhabe (Erwachsene initiieren Projekte), Zugwiesen/informiert sein (die Kinder sind informiert über die Ziele der Beteiligung, Initiative geht von Erwachsenen aus), Mitwirkung (von Erwachsenen initiiert, Entscheidungen werden jedoch mit den Kindern getroffen), Mitbestimmung (die Kinder können direkt Einfluss nehmen bei der Ideen- und Lösungsfindung), Selbstbestimmung (Eigeninitiative von Kindern, von Erwachsenen gestützt).

Jede Form der echten Beteiligung geht mit einer gewissen Machtabgabe der Erwachsenen einher. Damit die Kinder mit der ihnen anvertrauten Macht umgehen lernen, brauchen sie aktive Unterstützung durch Erwachsene, die Fachkräfte.

Stufen der Beteiligung
Quelle: Hart & Gernert 2009: 9

Rechtlicher Rahmen

UN-Kinderrechtskonvention

Art. 12 der UN-Kinderrechtskonvention (Recht auf freie Meinungsäußerung und Partizipation): „Die Vertragsstaaten sichern dem Kind, das fähig ist, sich eine eigene Meinung zu bilden, das Recht zu, diese Meinung in allen das Kind berührenden Angelegenheiten frei zu äußern, und berücksichtigen die Meinung des Kindes angemessen und entsprechend seinem Alter und seiner Reife."

Art. 13 Abs. 1 der UN-Kinderrechtskonvention (Berücksichtigung des Rechts auf Meinungs- und Informationsfreiheit): „Das Kind hat das Recht auf freie Meinungsäußerung in allen Angelegenheiten und unabhängig davon, ob es schon fähig ist, sich eine eigene Meinung zu bilden." https://www.unicef.de/informieren/ueber-uns/fuer-kinderrechte/un-kinderrechtskonvention

Artikel 13 KRK, umgeschrieben für Kinder: „Jedes Kind hat das Recht, sich über Themen zu informieren, für die es sich interessiert. Es darf sich eine eigene Meinung dazu bilden und diese auch frei sagen. Jedes Kind darf anderen mitteilen, was es denkt und fühlt, zum Beispiel durch Sprechen, Schreiben, Singen, Zeichnen oder auf andere Art. Es darf durch seine Meinungsäußerung jedoch keinen anderen Menschen kränken oder verletzen." https://www.kindersache.de/bereiche/kinderrechte/un-kinderrechtskonvention/artikel-13-recht-auf-meinungs-und

Landesschulgesetze

Gesetzlich ist Partizipation in der Schule überwiegend formal geregelt über die Landesschulgesetze.

Kinder- und Jugendstärkungsgesetz/Sozialgesetzbuch

§ 8 KJSG/SGB VIII Beteiligung von Kindern und Jugendlichen:

„(1) Kinder und Jugendliche sind entsprechend ihrem Entwicklungsstand an allen sie betreffenden Entscheidungen der öffentlichen Jugendhilfe zu beteiligen. Sie sind in geeigneter Weise auf ihre Rechte im Verwaltungsverfahren sowie im Verfahren vor dem Familiengericht und dem Verwaltungsgericht hinzuweisen.

(4) Beteiligung und Beratung von Kindern und Jugendlichen nach diesem Buch erfolgen in einer für sie verständlichen, nachvollziehbaren und wahrnehmbaren Form."

Die Träger der Kinder- und Jugendhilfe arbeiten unter dem SGB VIII/KJSG und sind daher in der Verantwortung, partizipativ mit jungen Menschen zu arbeiten.

Hinweis: Im SGB VIII sind die Beteiligungsrechte an den Entwicklungsstand des Kindes gebunden. Somit agiert die Kinder- und Jugendhilfe in einem Spannungsfeld zwischen Eröffnung der Partizipationsrechte der Kinder versus deren paternalistischer Begrenzung.

> Partizipation lässt sich nicht auf Knopfdruck verordnen oder von einem Tag auf den anderen „einführen“: Partizipation ist ein Prozess, in dem es darum geht, einander wahrzunehmen, zuzuhören, in Dialoge und auch mal in Konflikte zu gehen, sich auf Diversität einzulassen und einander dabei gleichwürdig zu begegnen.

Dieser Prozess braucht ein Gerüst, eine Rahmung, einen Boden. Den gilt es von Schule und Träger gemeinsam zu gestalten, wie in den folgenden Beispielen deutlich wird.

Wie kann eine Umsetzung gelingen?

Echte Partizipation erfordert neben den notwendigen veränderten Strukturen eine entsprechende Haltung und entsprechendes Handeln der Beteiligten (Fachkräfte/ Lehrkräfte/ Einbezug der Eltern) – bestenfalls auf der Basis einer Konzeption, in der neben den Rahmenbedingungen pädagogische Grundannahmen (Haltung zur Partizipation) ebenso festgeschrieben sind wie deren Umsetzung im Alltag (Handeln).

> In Hamburg wurden vor zehn Jahren sogenannte Qualitätsdimensionen als Basis für den Hamburger Ganztag entwickelt. https://www.hamburg.de/contentblob/4406308/fa18e728e18356871d3aaf29b1d7a58c/data/qualidimensionen-dl.pdf

Gelingensbedingungen

- Alle Beteiligten im Ganztag haben einen Konsens darüber, wie Partizipation gelebt wird, und auch die regelmäßig zu überprüfenden Ziele sind allen deutlich.
- Erarbeiten einer partizipativen Kultur. „Dabei werden die verschiedenen Aspekte der Partizipation (Spaß/Interesse, Verantwortungsübernahme, Lernen als Prozess, Demokratie lernen) ebenso berücksichtigt wie die Rahmenbedingungen der Partizipation“ (Qualitätsrahmen Partizipation Qualitätsforum Hamburg: 1).
- Kooperative Lösungen werden gesucht und gemeinsam Probleme bewältigt.
- Alle Beteiligten haben gleiche Beteiligungsrechte.
- Etablierung einer wertschätzenden Kultur des Miteinanders.
- Erarbeitung einer gemeinsamen Haltung, die geprägt ist von Offenheit und gegenseitigem konstruktiv-kritischem Austausch.

- Diversität und auch die Freude, miteinander neue Wege zu gestalten und zu erproben, sind wichtige Kernpunkte.
- Ebenso sind gegenseitige Wertschätzung, die Gleichwertigkeit und Fehlerkultur entscheidende Aspekte in diesem Konstrukt, um mit den Kindern gemeinsam Partizipation zu leben.
- Bedürfnisse einordnen und verstehen – von sich selbst und von den Kindern: Den Kindern kann zugetraut werden, dass sie ihre Interessen entfalten und sich ausprobieren. Fachkräfte beobachten Kinder, hören ihnen aktiv zu und können so ihre Bedarfe und Bedürfnisse wahrnehmen. Um das zu realisieren, ist zu empfehlen, sich mit der eigenen Biografie auseinanderzusetzen und diese zu reflektieren (vgl. Wedewardt & Cantzler 2022).

Best-Practice-Beispiele

Die folgenden Beispiele sollen nicht Schablone oder Vorlage sein, sind aber sehr fruchtbar als Anregungen, weil sie gelebte Praxis darstellen, die funktioniert. Sie geben Impulse zum Nachdenken und zur Reflexion, wie Partizipation im Ganztag realisiert werden kann.

Ganztagsschule soll ein Ort für Kinder sein, an dem sie gesehen und gehört werden, wo Kinder sich wertgeschätzt fühlen, wo sie mitentscheiden und mitbestimmen können.

Bundesweit gibt es Ganztagsschulen mit verschiedenen Angebotsformen (vgl. KMK 2021: 5). Im Folgenden werden Praxisbeispiele aus allen drei Formen vorgestellt, mehrheitlich aus dem Offenen Ganztag. Alle hier beschriebenen Schulen bzw. Einrichtungen arbeiten inklusiv.

Offener Ganztag: Der unterrichtliche Teil findet am Vormittag statt, die Bildung und Betreuung findet am Nachmittag statt, in Hamburg z. B. durch einen Träger der Kinder- und Jugendhilfe, der in Kooperation mit der Schule arbeitet. Dies ist juristisch festgehalten mit einem Landesrahmenvertrag und einem Kooperationsvertrag oder aber in einem Dienstleistungsvertrag.
Teilgebundener Ganztag: Als teilgebundener Ganztag ist ein Teil der Kinder (z. B. einzelne Klassenverbünde) verpflichtet, an mindestens drei Wochentagen für jeweils mindestens sieben Zeitstunden an den ganztägigen Angeboten der Schule teilzunehmen. Sie werden verbindlich über ihre Eltern angemeldet.
Gebundener Ganztag: Hier sind alle Kinder verpflichtet, an mindestens drei Wochentagen für jeweils mindestens sieben Zeitstunden an den ganztägigen Angeboten der Schule teilzunehmen.

PRAXISBEISPIEL:

Offene Arbeit und Themenräume

Zara (Kind):
„Wir dürfen mitbestimmen, was in der Schule eigentlich passiert. Und im Nachmittag dürfen wir machen, was wir wollen."

Marianda (Kind):
„In der großen Mensa ist ein Rahmen und da wird gezeigt, in welchem Flur welches Angebot ist. Da dürfen wir uns frei aussuchen, wo wir hingehen."

Corinna Hollinger (Schulleitung):
„Selbstgesteuertes und selbstverantwortetes Lernen in offenen fächer- und altersübergreifenden-den Lernformen steht im Mittelpunkt unseres Schulprofils."

Chancen & Herausforderungen

Kinder partizipieren, sie teilhaben und mitbestimmen zu lassen, sind Kernpunkte der Offenen Arbeit. So können Räume gemeinsam mit Kindern gestaltet werden. Durch Abstimmungsverfahren werden die Farben der Räume festgelegt, ebenso welche Ausstattung wichtig ist, wo die Sofaecke oder das Atelier sein soll.
In der Betreuungssituation können Kinder selbst entscheiden, welchen Raum sie aufsuchen, mit welchem Kind sie spielen möchten, ob zu zweit, in einer Gruppe oder ob sie eher Ruhe brauchen. Sie können spontan ihren Bedürfnissen und Interessen nachgehen, selbstbestimmt entscheiden, was sie tun möchten oder ob sie einfach mal nichts tun. Die Kinder erleben sich als selbstbestimmt: Sie haben Freiräume zur Gestaltung ihrer Freizeit, sie sind Gestalter:innen ihrer freien Zeit.

Offene Arbeit im Kinderhaus Brunsviga e. V., Braunschweig

Beschreibung der Einrichtung:

Der Träger „Brunsviga e. V." ist im Braunschweiger Sozialraum präsent durch das angeschlossene Kulturzentrum und das Kinderhaus. Daneben gibt es drei weitere Kooperationen mit Ganztagsschulen (eine wird im Praxisbeispiel „Demokratie (er) leben" vorgestellt, siehe S. 36 ff.).

Ute Wasserbauer (Leitung Brunsviga e. V.): *„Unser Zusammenschluss und die Haltung beider Einrichtungen mündete letztendlich im ‚Braunschweiger Modell', das wir federführend mitentwickelt haben – auch im Abschaffen der Hausaufgaben und zuletzt im jahrgangsübergreifenden Unterricht."*

Das Kinderhaus Brunsviga e. V. steht neben den regulär angemeldeten 52 Hortkindern durch die offene Kinder- und Jugendarbeit allen Kindern im Alter von 6 bis 14 Jahren aus dem Stadtteil im Zeitraum von 14.30 bis 18 Uhr offen, in den Ferien bereits ab 9 Uhr. Die Raumgestaltung wurde auch auf die einzelnen Kooperations-Schulen übertragen.

https://www.brunsviga-kulturzentrum.de/de/kinderhaus-allgemein.html

Besondere Merkmale der Einrichtung:

- Offene Arbeit ist ein inklusives Konzept: Die Einrichtung ist offen für alle Kinder. Das zentrale Anliegen Offener Arbeit ist, die Erfahrung persönlicher Eigenständigkeit und gemeinschaftlicher Verantwortung für Kinder erlebbar zu machen. Die Strukturen werden den Kindern angepasst und nicht die Kinder den Strukturen.
- Neben angeleiteten Angeboten der Fachkräfte bildet das freie Spiel der Kinder einen festen Bestandteil des Tagesablaufs der Einrichtung.
- Raumgestaltung nach dem Fachmenschenprinzip: Jedem Raum ist eine Funktion zugeschrieben. So ist beispielsweise der Bewegungsraum ausgestattet mit unterschiedlichen Materialien wie Rollbrettern, Kissen, Kletterstationen, Seilen, Hängematten, Schwungtüchern. Außerdem gibt es einen Bauraum, einen Raum für Rollenspiele, Ruheraum, Bibliothek und Medienraum. Das Atelier ist neben dem Bewegungsraum bei den Kindern am beliebtesten. Eine Fachkraft ist jeweils verantwortlich für einen Themenraum und auch zuständig für die Gestaltung und Ausstattung des Raumes.
- Eine Mitgestaltung der Kinder ist gewünscht und wird von Fachkräften unterstützt. Die Stimmen der Kinder werden gehört und in die weitere Planung einbezogen.

- In der Schule ist es so geregelt, dass jede Klasse nach dem Unterricht von zwei festen Betreuungskräften übernommen wird. Der Klassenraum bleibt dabei „Heimat-Ort". Bei der Übergabe von Lehrer:in zur Betreuungskraft ist eine kurze gemeinsame Zeit eingeplant, in der wichtige Informationen ausgetauscht werden. Die Klassenräume wurden gemeinsam von der Klassenlehrerin und den pädagogischen Fachkräften des Nachmittags mit allen Kindern gestaltet, sodass jeweils ein Lern- und Wohlfühlort entstehen konnte.
- Öffnung in den Sozialraum: Kooperationen werden gebildet, auch durch das direkt angeschlossene Kulturzentrum. Aufgrund dieser räumlichen Nähe können beispielsweise Theaterauftritte der Kinder innerhalb einer Projektphase umgesetzt werden.

Einblicke – Ein Ortsbesuch

Die Fachkräfte des Trägers Kinderhaus Brunsviga e. V. haben sich analog zu den Horträumen, die im Stadtteil zur Verfügung stehen, gemeinsam mit den Lehrkräften für die Offene Arbeit entschieden. Gute Erfahrungen mit dieser Form wurden bereits im Kinderhaus gesammelt, das im gleichen Sozialraum ansässig ist. Kinder können sich frei entfalten, ihren Interessen nachgehen; sie haben Freiräume, die sie selbst gestalten können. Unterstützt werden sie dabei je nach Bedarf von den Erwachsenen/pädagogischen Fachkräften. Verantwortlich für die einzelnen Kinder ebenso wie für die Gruppen bleiben die Fachkräfte. Sie geben allen Kindern Orientierung und eine Struktur.

Die Räume im Kinderhaus Brunsviga sind während der Betreuungszeit für alle Kinder aus dem Ganztag geöffnet – und auch für nicht angemeldete Kinder aus dem Stadtteil.

Den strukturellen Rahmen für die Offene Arbeit bietet die Raumgestaltung. Er wird lebendig durch die Haltung und das Handeln der in diesem Rahmen agierenden Fachkräfte: Sie verstehen sich als Begleiter:innen der Kinder. Die Fachkräfte gestalten jeweils ihren Fachraum, bereiten Materialien vor und begleiten die Kinder sensibel in ihren Bedarfen und Interessen. Die Kinder lernen ab der ersten Klasse, mit diesen Freiräumen umzugehen. Sie erfahren, was es heißt, sich frei in der Schule bewegen zu können.

Der Ganztag wird so zu einem Ort, an dem sich alle – Kinder sowie Erwachsene – gern aufhalten. An oberster Stelle steht hier die Orientierung an den Bedürfnissen und Interessen der Kinder.

Transfer in die Praxis

Kommunikation & Reflexion

Wöchentliche Reflexionsrunden und gemeinsame Treffen der Schul- und Trägermitarbeiter:innen sind wichtig für die Zusammenarbeit. Offene Arbeit heißt, die Rechte von Kindern umzusetzen, individualisierte Bildungsprozesse innerhalb von Gruppenprozessen zu ermöglichen und Vielfalt als Normalität anzuerkennen. Voraussetzung ist der Respekt gegenüber anderen und die Wertschätzung von Vielfalt als Normalität.

Das Gesamtteam setzt sich immer wieder mit diesen Begriffen und ihrer Umsetzung in der pädagogischen Praxis auseinander. Dazu braucht es Dialoge und gemeinsame Weiterbildungen sowie geeignete Räume, Zuständigkeiten und Verantwortlichkeiten. Das gemeinsame Ziel: Die Tagesstruktur wird angepasst an die Bedürfnisse der Kinder.

Tipp

> Unterstützung in Form von Beratung und Weiterbildung einholen für diesen Veränderungsprozess. Hinweise am Ende dieses Bandes unter Links & Literatur.

Rahmenbedingungen & Strukturen

- *Zeitrahmen:* Die Offene Arbeit ist kein Projekt, das sofort umgesetzt werden kann. Vorgeschaltet sind Entwicklungs- und Aushandlungsprozesse im Gesamtteam. Ein realistischer Blick auf die Zeitressourcen ist ein wichtiges Thema bei der Umsetzung. Empfehlenswert ist, sich gemeinsam auf einen Startpunkt zu einigen, an dem mit der Offenen Arbeit begonnen wird. Die Raumgestaltung erfolgt dann im weiteren Entwicklungsprozess.
- *Die Kinder* sind mit einzubeziehen in die Planungen und Entwicklungen.
- *Vorgaben:* Die bundeslandspezifischen Vorgaben bzgl. der Fachkraft-Kind-Relation müssen eingehalten werden.
- *Räumlichkeiten:* Die Räume werden mit den Ideen der Kinder weiterentwickelt und nach ihren Bedarfen eingerichtet. Die Bedarfe und Bedürfnisse sowie die Interessen der Kinder sollten sich in den Räumen abbilden.
- *Finanzierung:* Für die Raumausstattung gibt es je nach Bundesland Finanzierungspläne/-anträge.
- *Sicherheit und Aufsichtspflicht gewährleisten:* Dadurch, dass es unterschiedliche Angebote und Themenräume gibt, ist darauf zu achten, dass übersichtlich bleibt, wo sich einzelne Kinder gerade aufhalten.

- *Sozialraumarbeit:* Kooperationen schließen mit Einrichtungen der Offenen Kinder- und Jugendarbeit wie Häuser der Jugend, Bauspielplätze etc.
- *Struktur aufbauen*: Um Orientierung zu bekommen und auch transparent zu sein, braucht es klare Strukturen, einen Rahmen, in dem gearbeitet wird.
- *Qualität sichern und entwickeln:* Empfehlenswert ist, sich dauerhaft für Offene Arbeit zu entscheiden und diese in regelmäßigen Abständen anhand von Dialogen mit und Fragebögen an Kinder, Eltern, Fachkräfte zu evaluieren und das Gesamtteam weiterzuentwickeln vor dem Hintergrund der Bedarfe und Bedürfnisse aller Kinder.

Pädagogische Grundhaltung

Kinder werden als kompetent und eigenständig wahrgenommen und können die Themen und das Tempo ihrer Entwicklung selbst gestalten.

Methodische und didaktische Umsetzung

Die Kinder agieren nicht ausschließlich im Rahmen eines vorgegebenen Programms, sondern können in den Themen/Fachräumen selbst aktiv werden und ihre Freizeit aktiv mitgestalten. Sie können ihren ganz individuellen Interessen und Fähigkeiten nachgehen und frei wählen, mit wem sie zu welchem Zeitpunkt spielen bzw. in Kontakt sein wollen.

Pädagogische Fachkräfte tragen die Verantwortung und sind verpflichtet, die Rechte von Kindern in ihrem Alltag umzusetzen. Sie setzen die Rahmung, geben den Kindern so Struktur, Orientierung.

Haltung zur Partizipation

Das Konzept der offenen Arbeit ist ein Partizipationskonzept. Der Ganztag, Schule und der kooperierende Träger der Kinder- und Jugendhilfe sollten sich auf den Weg machen, eine gemeinsame Haltung zu Partizipation zu entwickeln. Alle Kinder der Schule stehen im Fokus. Ihre Bedarfe und Rechte werden gesehen und von der gesamten Schulgemeinschaft vertreten.

Ute Wasserbauer (Leitung Brunsviga e. V.): *„Manchmal war es schwer, wenn es am Vormittag andere Erwartungen gab als nachmittags, zumindest was die Auseinandersetzung der Erwachsenen betraf. Die ersten Jahre und auch manchmal jetzt noch sind Diskussionen auf Augenhöhe schwer, wenn es um Wünsche/Bedürfnisse der Kinder geht, wenn bei den Lehrer:innen durchkommt, dass Schule, also Unterricht, doch wichtiger sei als ‚Spielen'."*

Wichtige Kernpunkte in der Auseinandersetzung im Team sind eigene Offenheit, die Erfahrungen und die daraus resultierende Haltung in Wechselwirkung mit fachlichen Erkenntnissen sowie Reflexionen im Team. Die Bedürfnisse und Interessen aller Beteiligten gilt es wahrzunehmen und darauf einzugehen.

Tipp

Biografiearbeit: Wer Handlungs- und Entscheidungsspielräume für Kinder erweitern will, muss dies ebenso denjenigen ermöglichen, die mit den Kindern arbeiten. Wie sonst sollen sie Vertrauen in Eigenverantwortung und demokratische Prozesse gewinnen? Was haben sie selbst in der Kindheit erlebt? Wie ist der Umgang heute damit?

Vorbereitung mit den Kindern

In der Offenen Arbeit können die Kinder frei wählen, was sie wo wann tun wollen. Sie erleben sich als selbstbestimmt. Sie lernen, eigenverantwortlich zu handeln – Voraussetzung dafür, Verantwortung in der Gemeinschaft zu übernehmen. Beteiligung und Eigenverantwortung wird gelernt, indem sie erprobt wird. Kindern wird dies ermöglicht auch durch die Entscheidung, in welchen Räumen sie sich aufhalten wollen, mit wem sie spielen möchten, ob sie Freispiel oder angeleitete Angebote wählen.

Die Reflexion über Partizipation mit den Kindern ist ebenfalls ein wichtiges Thema: Welche Rechte haben Kinder? Wie wird Partizipation definiert? Was bedeutet Partizipation für die Kinder? Welche Erfahrungen haben sie bereits? Werden sie konkret beteiligt? Welche Formen echter Mitbestimmung und Mitwirkung werden zugelassen und wo liegen die Grenzen? Diese Fragen müssen immer wieder diskutiert werden – Fachkräfte und Kinder suchen gemeinsam nach Antworten und funktionierenden Formen der Beteiligung im Alltag.

Ausblick

Offene Arbeit ist mehr als ein verändertes Raumkonzept, mehr als gruppenübergreifendes Arbeiten und das Arbeiten in Funktionsräumen: Auf die Haltung kommt es an! Es geht darum, den Kindern Möglichkeiten zu eröffnen, Strukturen zu entwickeln und eigene Leidenschaften zu entdecken.

Kinder lernen, ihren Alltag aktiv mitzugestalten und auch eigene Ideen einzubringen. Sie treffen auf Fachkräfte, die ihnen zuhören, sie ernst nehmen, ihnen eine Stimme geben und sie hörbar werden lassen. Partizipation wird von allen Beteiligten gelebt, von Kindern sowie Erwachsenen.

Die Offene Arbeit ist darüber hinaus eine sehr gute Voraussetzung für gelebte Inklusion. Auch die Kinder mit Förderbedarf bewegen sich frei in den Funktionsbereichen und -räumen. Die Schule hat offene Türen und öffnet sich Impulsen und Ideen der Kinder. „Offen" bedeutet vor allem eins: offen zu sein für Neues und dafür, eingefahrene Wege zu verlassen.

PRAXISBEISPIEL:

Kreise | Reflexionsrunden

Hanna, 7 Jahre, 2. Klasse:
„Wenn ein Kind schüchtern ist, dann übersetzt ein Kind das andere. Zum Beispiel lernt gerade ein Kind aus der Ukraine Deutsch, und damit sie es versteht, malen wir jetzt Bilder für den Tagesablauf."

Allegra, 10 Jahre, 4. Klasse:
„Wir haben eine Kreisleitung. Wir Kinder leiten den Kreis. Die Kreisleitung nimmt jemanden dran und dann erzählt derjenige. Der nimmt dann wieder jemanden dran."

Beate Rupp-Uhlig (Lehrerin):
„Charakteristisch für die Kreise ist, dass sie vom Tag eins an von den Kindern selbst geleitet werden. Frisch eingeschulte Kinder haben dadurch täglich eine Vision und mit den anderen Kindern aus den nachfolgenden Klassenstufen auch ein Vorbild, wie die Kreise geleitet werden. Sie wollen die Kreise dann gern selbst leiten und werden darin unterstützt von anderen Kindern."

Chancen & Herausforderungen

In sogenannten Kreisen bzw. Reflexionsrunden lernen Kinder, in ihrer vertrauten Gruppe aufeinander zu achten, den Mut aufzubringen, sich zu beteiligen, sich Gehör zu verschaffen. Sie gehen wertschätzend miteinander um, lassen einander aussprechen, unterstützen sich gegenseitig.
Kinder lernen, Verantwortung füreinander und für die Gruppe/Klasse zu übernehmen. Sie können ihre Themen platzieren und haben hier auch die Möglichkeit, Fragen, Irritationen oder Konflikte anzusprechen. Sie lernen einen konstruktiven Umgang mit sogenannten Fehlern. Die Kinder suchen gemeinsam nach Lösungen und Strategien und entwickeln den Tagesablauf miteinander weiter.

Reflexionsrunden in der Winterhuder Reformschule – Stadtteilschule Winterhude

Beschreibung der Einrichtung

Die Ganztagsschule im Hamburger Stadtteil Winterhude im Bezirk Hamburg-Nord arbeitet im gebundenen Ganztag, d. h. mit einer Rhythmisierung. Alle Kinder der Primarstufe (auch die Vorschulkinder) sind montags, dienstags und donnerstags bis 16 Uhr verbindlich in ihren Lerngruppen. 48 Lehrkräfte und pädagogische Fachkräfte sind in der Primarstufe tätig. Insgesamt besuchen 400 Kinder einschließlich der Internationalen Vorbereitungsklassen und Vorschulklassen die Schule.

Besondere Merkmale der Einrichtung

- Eigenständiges Lernen aller Kinder innerhalb einer Lerngruppe.
- Respektvoller Umgang miteinander und gegenseitige Wertschätzung.
- Die Fachkräfte unterstützen den persönlichen Bildungsweg eines jeden Kindes.
- Im Mittelpunkt steht die Persönlichkeit des einzelnen Kindes.
- Lehrkräfte verstehen sich als Lernbegleitende: Sie beobachten, beraten, eröffnen Wege und benennen gemeinsam mit den Kindern ihre Ziele.
- Motto: Alles, was ein Kind lernt, lernt es nur dann, wenn es selbst mit Kopf, Herz und Hand aktiv wird.
- Schule als Ort des Lernens, der Erziehung und der Bildung.

Einblicke – Ein Ortsbesuch

Innerhalb der Kreise werden die Tagesthemen besprochen, Fragen können jederzeit gestellt werden, auch außerhalb der Kreise während des Zusammenseins. Darüber hinaus können Themen eingebracht werden, die Kinder beschäftigen.

Die Verantwortlichkeit liegt bei den Kindern, die die Kreise selbst leiten. Der Kreis kann mit einem Abschlussritual beendet werden wie z. B. „Und Tschüss" rufen in die Runde, vorher wird mit allen gemeinsam von drei heruntergezählt.

Transfer in die Praxis

Rahmenbedingungen und Strukturen

- *Zeitpunkt festlegen:* Zur Begrüßung, mittendrin oder auch zum Ende eines Tages. Wichtig ist es, ritualisierte Treffen einzuführen, die eingeleitet werden über bestimmte Signale/Töne/Lieder.
- *Kinderanzahl:* bis zu 30 Kinder
- *Dauer festlegen:* maximal 20 Minuten
- *Räumlichkeiten:* Eine gemütliche und entspannte Atmosphäre im Raum schaffen durch eine schön gestaltete Mitte. Die Kinder können auf dem Boden auf einem Teppich sitzen.
- *Finanzierung:* Es fallen keine bzw. für einige Hilfsmaterialien geringfügige Kosten an.
- *Sicherheit und Aufsichtspflicht gewährleisten:* Moderiert und geleitet werden die Reflexionsrunden zunächst durch eine pädagogische Fachkraft. Sie hat die Verantwortung, einen vertraulichen Rahmen sicherzustellen, und muss dafür Sorge tragen, dass die Meinungsfreiheit gewahrt ist, d. h. dass die Kinder wertschätzend miteinander umgehen und auch unterschiedliche Meinungen Gehör finden.

Methodische und didaktische Umsetzung

Wichtig ist, dass die Fachkraft die Dynamik der Gruppe analysiert und Methoden ausprobiert, bei denen sich auch diejenigen Kinder trauen, ihre Meinung kundzutun, die eher still und vorsichtig sind.

Um ein ganz individuelles Feedback zu erhalten gilt es daher, auch Methoden anzuwenden, bei denen die Anonymität der Kinder gewahrt bleibt.

> Weiterbildungen können die Fachkraft/Lehrkraft unterstützen, zum Beispiel zur wertschätzenden, beziehungsfördernden Kommunikation mit Kindern.

Tipp

Kenntnisse unterschiedlicher Methoden sind hilfreich, um die Reflexionsrunden kreativ zu gestalten. So gibt es beispielsweise verschiedene Methoden für ein „Stimmungsbarometer", um die Stimmung in der Gruppe zu ermitteln und darauf zu reagieren. Beim „Blitzlicht", einfach und schnell durchführbar, zeigen die Kinder mit dem Daumen an, wie es ihnen geht: Daumen nach oben bedeutet: „Mir geht es sehr gut." Ein Daumen zur Seite heißt: „Mir geht es mittel", und ein Daumen nach unten bedeutet: „Mir geht es schlecht." Differenziertere Aussagen lassen sich mit dem Fünf-Finger-System ermitteln oder auch mit „Gefühlskarten", die die Kinder dabei unterstützen, ihre Empfindungen zu benennen und darüber zu reden. Es können auch Projektpräsentationen innerhalb der Reflexionsrunden gezeigt werden. Hier gibt es klare Abläufe der Reflexion, die die Präsentierenden selbst leiten: Habt ihr noch Fragen? Gibt es noch Tipps von euch? Was hat dir gefallen?

Vorbereitung mit den Kindern

Initiiert wird das Gespräch im „Kreis" von einer Fachkraft, die zunächst den Rahmen gestaltet, die Dauer festlegt und auch aktiv am Kreis teilnimmt – zunächst in leitender Funktion. Sind die „Kreise" im Alltag der Einrichtung implementiert, übernehmen Kinder die Kreisleitung.

Die Kinder werden befragt (offene Fragen): Was brauchst du, um dich hier wohlzufühlen? Was brauchst du, um dich zu beteiligen? Gibt es etwas, was du sagen möchtest? Hast du ein Thema, das du mit uns teilen möchtest? Gibt es etwas, das dich hier stört?

Wie wollen wir miteinander sprechen?: Es ist wichtig, gemeinsam mit den Kindern zu überlegen, wie so ein Gespräch im „Kreis" gestaltet werden kann, damit sich daran alle mit Freude beteiligen können. Hilfreich ist es, drei oder vier feste Regeln aufzustellen (mehr als drei oder vier Regeln sind für Kinder zu unübersichtlich), die das Miteinander im Kreis, den Umgangston grundlegend bestimmen sollen. Diese Regeln werden mit den Kindern gemeinsam gefunden und formuliert, beispielsweise:

- Wir hören einander zu. (Oder besser: Ich höre dir zu.)
- Wir sprechen freundlich/wertschätzend/respektvoll miteinander. (Ich spreche freundlich/wertschätzend/ respektvoll mit dir.)

Oder:

- Wir alle tragen dazu bei, dass wertschätzend miteinander umgegangen wird.
- Jedes Kind und auch jeder Erwachsene spricht für sich selbst und in der Ich-Form.
- Alle Meinungen werden gehört und können ausgesprochen werden, ohne dafür von anderen kritisiert/geärgert zu werden.

Die Regeln werden schriftlich festgehalten und von Erwachsenen und Kindern unterschrieben.

Strukturen finden: Es kann Morgenkreise, Schlusskreise, manchmal bei wichtigen Themen ggf. auch mittlere Kreise geben. Rituale zur Begrüßung und zum

Abschied (Runterzählen, Raufzählen, Handschlag, Fußschlag) markieren jeweils deutlich Beginn und Ende der Gesprächsrunde.

Die *Themen* variieren: So kann es im Morgenkreis darum gehen, den Tagesplan zu besprechen und damit den Kinder Orientierung zu geben: Was passiert heute? Was haben wir vor? Um wie viel Uhr machen wir was?

Manchmal stehen auch von den Kindern oder der Fachkraft eingebrachte Fragen im Zentrum. Die Kinder sind vorab darüber informiert. Einige Kinder können die Runden mit der Fachkraft gemeinsam vorbereiten: Die Themen können Bezug haben zu aktuellen Lebensereignissen, aber auch Perspektiven für die Zukunft können gemeinsam entwickelt werden, wie z. B. das Erarbeiten der gemeinsamen Umgangsweisen im Ganztag. Wie wollen wir miteinander sprechen? Was brauchen wir, um gut den Tag miteinander zu verbringen? Welche Interessen gibt es bei den einzelnen Kindern, welche in der Gruppe? Wo gibt es Differenzen? Diese gilt es zu analysieren und zu diskutieren. Hier unterstützt eine Visualisierung.

Ausblick

Alle Kinder lernen, ihre Meinung zu äußern und sie lernen, dass diese auch eine Wirkmacht haben kann. So verändern sich gegebenenfalls Situationen, das heißt, sie können mit ihrer Meinung und ihrer Stimme den Alltag im Ganztag verändern, sofern sie auf Fachkräfte stoßen, die sie ernst nehmen und sie in ihren Bedürfnissen unterstützen.

Reflexionsmethoden eignen sich, um Offenheit und Verbundenheit herzustellen und gemeinsam in der Gruppe herauszufinden, wie sich Einzelne gefühlt haben oder auch die Gruppe in ihrer Gesamtheit. Auch eine Bewertung einer Aktivität durch die Kinder kann stattfinden. Ein Ziel ist auch, miteinander in Dialoge zu gehen, sich darin während der angeleiteten Kreise zu üben.

- Im Austausch zwischen den Kindern kann Geschehenes besser wahrgenommen, bearbeitet und entsprechend weiterentwickelt werden.
- Verschiedene Perspektiven werden gehört und miteinander betrachtet.
- Die Kinder lernen, Gemeinsamkeiten, aber auch Unterschiedlichkeiten zu akzeptieren.

PRAXISBEISPIEL:

Kinderparlament

Alva (Kind):
„Wir setzen uns auf den Teppich in einen Kreis, sammeln unsere Themen und dann sagen alle Kinder was dazu. Auch neue Themen kommen rein. Die schreiben wir auf einen Zettel und besprechen sie."

Felix (Kind):
„Viele Sachen waren ungerecht, auch in der Pause. Da gab es ein Thema mit Fußball, dass viele Jungs gespielt haben. Die Mädchen haben sich nicht getraut, weil die Jungs besser waren und gesagt haben, du darfst nicht mitspielen. Wir haben im Kinderparlament darüber gesprochen und eine Lösung gefunden. Am Freitag gibt es jetzt Fußball, wo die Mädchen bestimmen und spielen können. Das ist jetzt der Mädchenfußballtag. Aber an den anderen Tagen dürfen sie auch mitspielen."

Inga Elfert (Dipl. Sozialarbeiterin):
„Das Kinderparlament ist ein Gremium, um Kindern demokratisches Handeln zu vermitteln. Und auch den Kindern zu zeigen, an welchen Orten sie ihre Themen platzieren können. Von der Streitschlichtung angefangen zum Klassenrat, wo es um Klassenthemen geht, bis hin zum übergeordneten Gremium, dem Kinderparlament."

Chancen & Herausforderungen

Im Kinderparlament üben Kinder sich in demokratischen Ritualen, diskutieren, treffen Entscheidungen, die sie selbst betreffen, und fassen Beschlüsse. Sie bringen Themen ein, die sie beschäftigen. Meinungen der nicht im Kinderparlament vertretenen Kinder zu bestimmten Themen werden eingeholt, Themen gesammelt, um einen Überblick zu erhalten.
Kinder lernen, sich selbst zu organisieren, Verantwortung zu übernehmen und erfahren Selbstwirksamkeit im Ganztag. Ihre Stimmen werden gehört. Denn die Beschlüsse und Ergebnisse des Kinderparlaments werden weitergetragen in die Gremien des Ganztags, wie z. B. in Gesamtkonferenzen.

Das Kinderparlament in der Merianschule, Frankfurt

Beschreibung der Einrichtung:
Die teilgebundene Ganztagsschule Merianschule liegt im Frankfurter Stadtteil Nordend. 300 Kinder, 22 Lehrkräfte, 3 Sozialarbeitende, 17 pädagogische Fachkräfte, zwei UBUS (Umsetzung der unterrichtsbegleitenden Unterstützung durch sozialpädagogische Fachkräfte), eine Fachkraft der Kinder- und Jugendhilfe. Es gibt 187 Hortplätze in Kooperation mit dem Internationalen Bund e. V. sowie mit umliegenden unterschiedlichen Horten.

Besondere Merkmale der Einrichtung:
- Das Bildungs- und Betreuungsangebot der Stadtteilgrundschule orientiert sich an den jeweiligen individuellen Bedürfnissen der Kinder.
- Seit über 20 Jahren gibt es Kooperationen mit diversen Horten im Stadtteil.
- Einfache und überschaubare Zeitstrukturen ermöglichen einen Wechsel von Anspannung, Lernen und Entspannung, Erholung und Kommunikation.
- Multiprofessionelle Teams (Grundschul- und Förderschullehrkräfte, Sozialpädagog:innen, Erzieher:innen, Teilhabe-Assistierende) arbeiten gemeinsam und auf Augenhöhe miteinander.
- Konstante Fachkräftesituation am Standort.
- Es gibt sogenannte Präventionsteams: Alle Kolleg:innen setzen sich zusammen und besprechen miteinander die Bedarfe der Kinder sowie deren Umsetzung.

Einblicke – ein Ortsbesuch

Das Kinderparlament der Merianschule tagt jeden Monat, immer am Tag der Gesamtkonferenz, um so die Themen aus dem Kinderparlament direkt in der Gesamtkonferenz besprechen und abstimmen zu können. Zusammengesetzt ist das Kinderparlament aus zwei Klassensprecher:innen einer jeden Klasse oder auch eigens für das Kinderparlament gewählten Kindern, einer pädagogischen Fachkraft und einer Lehrkraft.

Damit auch weitere interessierte Kinder neben den Delegierten Einblicke in die Arbeitsweise des Gremiums erhalten, hat das Kinderparlament beschlossen, dass Kinder auf Wunsch hospitieren können. Sie nehmen dann einmal als Zuhörende teil und können sich so einen Eindruck verschaffen.

Die Beschlüsse des Kinderparlaments werden je nach Thema und Schwerpunkt direkt umgesetzt oder in die Gesamtkonferenz hereingetragen und dort diskutiert. Die pädagogische Fachkraft/Sozialpädagogin und die Lehrkraft, die am Kinderparlament teilnehmen, tragen die Beschlüsse aus dem Kinderparlament weiter und vertreten so die Stimmen der Kinder. Die Themen, Anträge oder Beschlüsse der Kinder werden in den Teamtreffen, Dienstbesprechungen und Konferenzen prioritär behandelt.

Es ist auch möglich, dass Kinder zu Beginn der Konferenz Zeit haben, selbst ihre Beschlüsse vorzutragen und in Dialoge mit den Fachkräften zu gehen. Dies sollte gut abgewogen werden und erst dann passieren, wenn die Haltung und Kultur so verfestigt ist, dass den Kindern zugehört wird und sie sich wohlfühlen in der Konferenz.

Wichtig hierbei ist Transparenz für die Kinder: Sie werden über Anträge, die sie eingebracht haben, informiert, insbesondere über Möglichkeiten und Formen der Umsetzung.

Beschwerden können ebenfalls im Kinderparlament vorgebracht werden. Gemeinsam wird über ihre Relevanz diskutiert und nach Lösungswegen gesucht. Auch auf diese Weise können die Kinder Gemeinschaft im Ganztag mitgestalten und sich als aktiv Mitgestaltende erleben, selbst in vermeintlich kleinen Situationen. So wurde das Tragen von Warnwesten für die Pausenaufsicht beschlossen. Die Kinder hatten im Vorfeld die Erfahrung gemacht, dass sie auch Erwachsene angesprochen haben, die keine „Aufsicht" hatten, das hat sie gestört. Nun haben sie über das Kinderparlament den Beschluss gefasst, dieser wurde über die Gesamtkonferenzen am Ganztag angenommen und wird umgesetzt. Diejenigen, die Aufsicht haben oder einfach ansprechbar sind, ziehen sich Warnwesten an und sind somit gut erkennbar.

Im Kinderparlament stehen nicht nur Themen zur Organisation des Alltags auf der Agenda: So kam nach dem Angriff Russlands auf die Ukraine im Kinderparlament die Frage auf, ob und wie man helfen könnte. Es wurde beschlossen, Spendengelder zu sammeln und diese für dringend benötigte Sachspenden zu verwenden. Die Idee der Kinder wurde aufgegriffen und mit Unterstützung der Erwachsenen umgesetzt. Ein Hilfstransport ging in die Ukraine, so konnten die Kinder selbst ins Handeln kommen.

Nicht immer können alle Vorschläge realisiert werden. So scheiterte beispielsweise die Installation eines Basketballkorbs auf dem Schulhof, obwohl die Finanzierung bereits gemeinsam mit den Fachkräften geklärt worden war, aufgrund baulicher Hürden. Die Kinder waren die gesamte Zeit über die Entscheidungen informiert, die Fachkräfte sorgten für Transparenz und Klarheit. So lernen die Kinder, auch mit Misserfolgen umzugehen.

Transfer in die Praxis

Das Kinderparlament ist …

- … fest in die Struktur des Ganztags eingeplant, und die Mitbestimmungswege und der Umgang mit den Beschlüssen der Kinder aus dem Kinderparlament sind allen bekannt. Hierfür wird Zeit eingeräumt.
- … eine repräsentative Beteiligungsform zur Weiterentwicklung der Demokratiebildung im Ganztag.

Die Realisierung der demokratischen Eigenrechte der Kinder im Alltag wird so möglich. Dabei soll es von allen Beteiligten – den Kindern, den pädagogischen Fachkräften und nicht zuletzt den Eltern – nicht nur als im pädagogischen Konzept verankertes demokratisch-repräsentatives Instrument, sondern als demokratisch strukturierter, sich stets im Wandel befindender Prozess verstanden und gelebt werden.

Kommunikation & Reflexion

Bevor gestartet wird, ist eine gute Vorbereitung nötig: Das gesamte Team muss darüber informiert sein und miteinander entscheiden, diese Methode zu etablieren. Alle pädagogischen Fachkräfte und Lehrkräfte tragen dazu bei, die Stimmen der Kinder zu hören und sie in Entscheidungen einzubeziehen.

Den Beteiligten sollte klar sein, dass es Zeit, Geduld und wertschätzende Begleitung braucht, bis nach einer Anfangsphase das für viele Kinder zunächst ungewohnte Beteiligungsverfahren verstanden und in seinen Chancen erkannt und genutzt werden kann.

Vorbereitungen

Zunächst geht es darum, einen regelmäßig wöchentlich oder zweiwöchentlich tagenden Klassenrat zu etablieren, der nicht ausschließlich dazu dient, Konflikte zu klären, sondern darüber hinaus insbesondere die aktuellen Themen der Kinder aufgreift, diskutiert und reflektiert.

Einmal jährlich wählt der Klassenrat Delegierte für das Kinderparlament.

Eine Abstimmung klärt, welche Themen die Delegierten mit in das Kinderparlament tragen.

Rahmenbedingungen und Strukturen

- Das Kinderparlament findet regelmäßig und verbindlich statt und schafft einen Raum für Anliegen, Meinungen und Ideen der Kinder.
- *Zeitlicher Rahmen* pro Einheit im Kinderparlament: 45 Minuten bis zu einer Stunde

- *Räumlichkeiten:* ein ruhiger Ort, atmosphärisch ansprechend gestaltet
- *Finanzierung:* Es kann Entscheidungen geben, die ein Budget benötigen und einer Finanzierung bedürfen. Dieses kann vom Schul- bzw. Förderverein übernommen oder auch über Stiftungen angefragt werden.

Methodische und didaktische Umsetzung

Fürs Kinderparlament werden gemeinsam Gesprächsregeln erarbeitet und verbindlich festgelegt. Jede Sitzung folgt einer Tagesordnung. Ein Ergebnis-Protokoll schreibt die pädagogische Fachkraft oder die Lehrkraft. Jeweils nach Abschluss eines Themas wird es vorgelesen und alle stimmen ab, ob Wesentliches enthalten ist. Das Gesamt-Protokoll tragen die Delegierten in die einzelnen Gruppen/Kohorten/Klassen, wo Ergebnisse oder Anträge im nächsten Klassenrat diskutiert und ggf. Entscheidungsprozesse erläutert werden.

Der Zeitrahmen, aber auch Stimmung/Atmosphäre müssen so gestaltet sein, dass die Kinder sich frei fühlen, ihre Meinung zu äußern und sie auch in mehr als nur einem Satz begründen können.

Fach- und Lehrkräfte unterstützen und stärken die Kommunikations- und Dialogfähigkeit der Kinder. Sie stehen für Nachfragen zur Verfügung, ohne sich aufzudrängen. Es kann vorkommen, dass einzelne Kinder „Übersetzungen" brauchen, um in Worte zu fassen, was sie ausdrücken wollen. Hier gilt es, offene Fragen zu stellen und ggf. mit Hilfe der anderen Kinder dazu beizutragen, dass jeder sein Anliegen vorbringen kann. Kinder und Erwachsene achten darauf, dass die Gesprächsregeln eingehalten werden und sich alle mit Wertschätzung und Respekt begegnen.

Die Themen der Kinder müssen nicht immer verbal vorgetragen werden. Dem Alter entsprechend können auch Signalkarten/gemalte Bilder zum Einsatz kommen, die in die Mitte gelegt oder auch angepinnt werden.

Vorbereitung mit den Kindern

Damit jedes Kind seine Bedürfnisse artikulieren lernt und in partizipative Strukturen hineinwachsen kann, sollten die Angebote einladend und informativ vorgestellt sowie konkrete Auswirkungen auf die Gestaltung des Ganztags ausführlich dokumentiert werden.

Informieren: Wer nimmt am Kinderparlament teil? Was passiert dort? Wer hat das Wort? Wie geht wählen? Im Kinderparlament üben sich Kinder in demokratischen Ritualen und treffen Entscheidungen, die sie betreffen, über Redekarten und geheime Abstimmungen.

Eine Einladung für das Kinderparlament schreiben die verantwortlichen Fachkräfte an alle Kinder. Sie informiert nicht nur über Termin, Dauer und Ort, sondern auch über anstehende Themen. Die zuständige Fachkraft oder die delegierten Kinder lesen sie vor. Die Kinder können weitere Bedarfe und Themen in das Kinderparlament einbringen.

Reflexion: Die Ziele müssen allen, Kindern sowie Fach- und Lehrkräften, klar sein: Die Gemeinschaft zu einem demokratischen Miteinander werden zu lassen mit Beteiligung und Mitspracherecht der Kinder.

Kinder brauchen *Feedback* von den Fachkräften / Lehrkräften, sie sind miteinander im Dialog über die Gelingensbedingungen und auch die Grenzen ihrer Beteiligung und Mitbestimmung in konkreten Situationen. Die Regeln müssen klar formuliert und allen bekannt sein.

Ein gut einsehbarer Infokasten im Eingangsbereich sowie Hinweise auf der Website unterstützen die Transparenz der Arbeit und machen Themen/Entscheidungen für alle sichtbar.

Qualität sichern und weiterentwickeln

Etwa ein halbes Jahr nach Etablierung des Kinderparlaments sollte eine Überprüfung stattfinden: Haben wir die gesetzten Ziele eingehalten? Wo gibt es Nachbesserungsbedarfe?

Eine Zufriedenheitsabfrage bei den Kindern ist empfehlenswert: Die Befragungsergebnisse werden ausgewertet und fließen in weiterführende Überlegungen in Bezug auf ggf. notwendige Veränderungen im Ablauf oder der Rahmung ein. Begleitend zu möglichen Veränderungen finden Dialoge und Diskussionen mit den Kindern statt, den Delegierten des Kinderparlaments.

Eine ganz entscheidende Frage ist die, ob das Kinderparlament tatsächlich als partizipatives Element im Ganztag funktioniert: Scheinpartizipation liegt beispielsweise dann vor, wenn Kinder zwar an einem Kinderparlament teilnehmen und mitreden dürfen, das Gesagte aber keinerlei Konsequenzen hat. Das ist zu vermeiden!

Es darf nicht dazu kommen, dass im Kinderparlament längere Zeit über Themen aus Bereichen diskutiert wird, in denen Kinder keine Entscheidungskraft haben. Hier muss ggf. bei der Themenauswahl nachjustiert werden: Mitbestimmungsthemen sind beispielsweise die Organisation des Alltags, die nächste Klassenreise, Ausflüge in den Sozialraum etc.

Ausblick

Kinder benötigen ebenso wie Erwachsene Zeit und Orientierung innerhalb der unterschiedlichen partizipativen Strukturen, um mitzubestimmen und Demokratie zu leben. Persönliches Wachstum wird im Kinderparlament ebenso ermöglicht wie das der Gesamtgruppe.

- Die Kinder erfahren Selbstwirksamkeit, sie merken, dass sie ernst genommen werden. Dadurch wird der Ganztag für sie bedeutsamer und sie sind motivierter, sich zu beteiligen.
- Ihre Selbstständigkeit wird gestärkt, sie lernen, auch vor größeren Gruppen zu sprechen und Ergebnisse zu präsentieren.
- Sie üben sich darin, Arbeitsschritte selbst zu planen und Verantwortung für sich und andere zu übernehmen.
- Fachkräfte / Lehrkräfte lernen, Kontrolle und ein Stück weit ihre Macht abzugeben. Verantwortung wird an die Kinder übertragen. Gleichzeitig bleibt die Verantwortung über die Gruppe / Klasse bei der Fachkraft / Lehrkraft.
- Die Stimmen der Kinder werden gehört, Mitentscheidung der Kinder ist gewünscht, echte Partizipation kann stattfinden.
- Der Ganztag kann so zu einem Ort werden, an dem sich alle wohlfühlen.

PRAXISBEISPIEL:

„Demokratie (er)leben“

Sophie (Kind):
„Wir haben jeden Freitag einen Gruppentag. Da ist die ganze Klasse zusammen. Wir dürfen dann entscheiden, wo wir hingehen. Wir gehen dann zum Beispiel in den Park oder auf einen Spielplatz."

Valentin (Kind)
spricht über die Mitgestaltung im Atelier:
„Kinder bieten Sachen an: z. B. Autoquartett oder Entspannung. Im Flur hängen laminierte Blätter, da kann man sich eintragen. Nach den Ferien biete ich Comic-Zeichnen an."

Jonas Lehmann (Schulsozialarbeiter):
„Die Haltung dieser Schule ist besonders, das Thema Demokratiebildung steht oben auf der Agenda. Hier wird es so gesehen, dass die Lehrerperspektive und die Schulsozialarbeitsperspektive gesehen werden. Und auch von der Schulleitung wird diese Auseinandersetzung mit dem Thema wertgeschätzt. Es ist für alle hier klar: Wir wollen Demokratiebildung umsetzen. Dafür schaffen wir auch Voraussetzungen."

Chancen & Herausforderungen

Demokratie fußt auf Meinungsaustausch und Diskussionen. Diverse Ansichten werden gehört und beachtet. Alle Kinder lernen, die von der Mehrheit getroffenen Entscheidungen zu tragen. Das kann auch mal anstrengend sein und muss gut begleitet werden von Erwachsenen, pädagogischen Fachkräften / Lehrkräften.
Kinder erleben so die Herausforderungen und Chancen der Demokratie. Sie erkennen, dass demokratische Grundwerte wie Freiheit, Gerechtigkeit, Solidarität und Toleranz Kernelemente von Demokratie sind und niemals zur Disposition stehen dürfen. Demokratisches Verständnis entwickeln Kinder besonders über persönliche Erfahrung und über eigenes Handeln.
Demokratielernen bildet daher ein Grundprinzip in allen Bereichen der pädagogischen Arbeit. Ganztag ist dann ein Handlungsfeld gelebter Demokratie.

Demokratiebildung in der Ganztags-Grundschule Comeniusstraße, Braunschweig

Beschreibung der Einrichtung

Die kooperative offene Ganztags-Grundschule Comeniusstraße arbeitet nach dem sogenannten „Braunschweiger Modell"*. 380 Kinder im Alter von sechs bis zehn Jahren sind im Ganztag, davon nehmen 365 Kinder am Mittagessen und der Nachmittagsbetreuung teil. Es sind 35 Lehrkräfte und 24 pädagogische Fachkräfte (Sozialpädagoginnen, Erzieherinnen, pädagogische Mitarbeitende), sechs geringfügig Beschäftigte, vier FSJler:innen und Praktikantinnen vor Ort.

https://www.gs-comenius.de/schule/#schule-team

Besondere Merkmale der Einrichtung

- Zusammenarbeit mit einem Träger der Kinder- und Jugendhilfe, der Brunsviga e.V.
- Die Comeniusschule ist ausgezeichnet als Schule der Demokratie.
- Es findet ein regelmäßiger Austausch zwischen Lehrkräften und pädagogischen Fachkräften sowie zwischen Schul- und Trägerleitung statt.
- Es gibt offene, fächer- und altersübergreifende Lernformen und projektorientierten Unterricht. Frontalunterricht findet nicht mehr statt. Stattdessen gibt es für alle Kinder projektorientiertes Arbeiten und forschendes Lernen sowie Arbeit im Atelier und auch Themenarbeit, wo sich die Kinder konzentriert und sehr umfangreich mit einem Einzelthema beschäftigen können.
- Offenes Raumkonzept: Themenräume werden auch am Nachmittag genutzt.
- Eigene Räume für den Nachmittag sind vorhanden und nach Themenräumen aufgeteilt (Bewegung / Atelier / Ruhe und Entspannung / Werkstatt / Außenbereich / Rollenspiel / Bibliothek)
- Keine Notengebung
- Beteiligung, Mitgestaltung und Mitsprache aller Kinder

* In diesem Modell arbeiten Schule, Schulträger und der Kooperationspartner der Kinder- und Jugendhilfe in Anerkennung ihrer jeweiligen Aufträge und Zuständigkeiten gemeinschaftlich zum Wohle der Kinder. Im Dreiklang von Bildung, Erziehung und Betreuung, getragen von einem ganzheitlichen Bildungsverständnis, entwickeln sie Schule zu einem Ort des Lernens und des Lebens (Ute Wasserbauer, Leitung Brunsviga/Kooperationspartnerin und Corinna Hollinger, Schulleitung).

Einblicke – ein Ortsbesuch

Die Comeniusschule hat keine konventionellen Klassenstrukturen mit einer Jahrgangsstufe. Diese offene Haltung prägt auch die Gestaltung des Nachmittags. Impulse und Anregungen werden analysiert, reflektiert, dann entscheiden Schule und Träger gemeinsam, was umgesetzt wird. Analog zu den Räumen der offenen Arbeit von Brunsviga e. V. (siehe S. 14 ff.) gibt es in der Ganztagsschule Themenräume. Ute Wasserbauer, Leitung von Brunsviga e. V.: *„Zu Anfang der Ganztagsschule war die Sorge groß, mit Jugendhilfe in die Schule zu gehen: Was Schule anfasst, wird Schule. Aber hier ist Schule ein Stück weit mehr Jugendhilfe geworden. Der Fokus liegt auf den Bedürfnissen der Kinder. Jedes Kind wird individuell begleitet, im Vor- sowie im Nachmittag."*

Bei der Planung von Projekten oder in die Gestaltung ihrer Räume werden die Kinder beratend und auch in der Ausgestaltung hinzugezogen. Auf Anregung einiger Kinder wurde eine Bibliothek mit Buchausleihe etabliert, die durch die pädagogischen Fachkräfte eingeführt und von Kindern in Eigenverantwortung umgesetzt wird. Die Fachkraft ist in der Nähe und unterstützt bei Nachfrage.

Wichtig ist die Wahrnehmung der Interessen der Kinder. Diese werden dann mit ihnen angesprochen, aufgegriffen und es werden gemeinsame Schritte hin zur Realisierung unternommen. So werden einige Arbeitsgruppen von Kindern gestaltet. Emma und Sophie (Kinder): *„Wir haben Tanzen angeboten. Es fing einfach so an mit den AGs: Wir mussten es organisieren, auch die Materialien. Wir haben auch schon mal Schleim angeboten. Da haben wir Schleim selbst gemacht mit den anderen Kindern. Wir haben gewusst wie es geht und es angeboten."*

Die Schule hat sich bereits vor einigen Jahren als Gesamtteam auf den Weg gemacht, demokratische Strukturen zu schaffen. Das braucht eine klare Haltung im gesamten Kollegium / Team. Ein Aspekt ist die Etablierung von demokratischen Gremien. Schulleitung Corinna Hollinger: *„Ein aktiver Schülerrat mit Präsenz in der Gesamtkonferenz und Einbeziehung in alle sie betreffenden Fragen ist daher fester Bestandteil. Dazu gehört auch das Aushandeln von Kompromissen mit den Kindern."*

Veränderungen sind aber auch im Kleinen zu beobachten: Während der Gespräche mit den Kindern fällt eine Besonderheit auf, die Valentin erklärt: *„Wenn wir was sagen wollen und andere das Gleiche, dann klopfen wir uns auf die Brust."* Diese Methode wird von allen Kindern angenommen, während des Interviews waren sie hoch konzentriert und engagiert dabei.

Transfer in die Praxis

Rahmenbedingungen und Strukturen

- *Zeitpunkt festlegen:* Die Entscheidung für die Entwicklung demokratischer Prozesse fällt gemeinsam im Team. Es kann jederzeit damit begonnen werden, im Alltag demokratisch und auf Augenhöhe miteinander umzugehen, sich als Lernende zu begreifen.
- *Kinderanzahl:* Ist mit kleinen und großen Gruppen gestaltbar.
- *Dauer festlegen:* Begonnen werden kann zunächst in einer Testphase über ein halbes Jahr hinweg. Dann können die einzelnen Prozesse schrittweise ausgeweitet werden. Wichtig ist hier festzuhalten, welche Strukturen sich bis zu einem bestimmten Zeitpunkt verändern sollen.
- *Räumlichkeiten:* Die Räume werden mit Beteiligung der Kinder gestaltet. Hier sind der Fantasie keine Grenzen gesetzt. Es gibt nicht nur sogenannte Multifunktionsräume, es braucht insbesondere auch Fach- oder Themenräume (Bewegung / Ruhe / Entspannung / Rollenspiel / Werkstatt / Atelier / Freispiel / Außengelände).
- *Finanzierung:* Diverse Stiftungsgelder können durch den Kinder- und Jugendhilfeträger beantragt werden. Möglich ist auch eine Bewerbung bei Demokratie-Projekten, wo Gelder und auch Fort- und Weiterbildungen angeboten werden.
- *Sicherheit und Aufsichtspflicht gewährleisten:* Es gelten ausgehandelte Regeln und vor allem das Kinder- und Jugendstärkungsgesetzt/SGB VIII sowie das Schulgesetz.

Tipp

> Empfehlenswert sind neben theoretischen Recherchen Hospitationen in anderen Ganztagsschulen, um über den Tellerrand zu schauen und den eigenen Radius zu erweitern.

Vorbereitung mit den Kindern

Gemeinsame Recherche mit den Kindern zu demokratischen Prozessen: Die Kinder erhalten Informationen – in leichter Sprache – über alle Gremien, die es in der Einrichtung gibt – und sie werden ihnen zugänglich gemacht. Die Kinder lernen, dass Abstimmungen ein Instrument im Prozess der Entscheidungsfindung sind, sie lernen die Abläufe/Prozesse kennen, es gibt klare Absprachen darüber, wo die Grenzen der Mitbestimmung und Mitgestaltung der Kinder liegen.

Den Rahmen festlegen, in dem Prozesse zur Mitbestimmung und Gestaltung möglich sind: Auch die Grenzen müssen transparent gemacht und aufgezeigt werden. Alle Kinder brauchen Klarheit darüber, wo sie wirksam sein können und wo sie gehört werden.

Struktur aufbauen: Es wird gemeinsam eine *Gesprächskultur* entwickelt, in der Wertschätzung und gegenseitige Anerkennung an oberster Stelle stehen. Auf dieser Grundlage ist es möglich, Regeln zu diskutieren und miteinander zu verhandeln.

Gesprächsrunden: Regelmäßig stattfindende ritualisierte Gesprächsrunden bilden ein Kernelement, um den Kindern eine Stimme zu geben. Die Stimmen sollten protokollarisch festgehalten werden und in die entsprechenden Entscheidungsgremien der Einrichtung einfließen.

Der wöchentlich stattfindende *Klassenrat* spielt eine zentrale Rolle. Hier werden Ereignisse und auch Lerninhalte miteinander reflektiert, diskutiert, beraten und aktuelle Probleme werden angegangen. Hier fallen Entscheidungen über Regeln und auch Grundsätze des Zusammenseins. Themen werden weiterentwickelt und in das Gesamtkollegium gegeben.

Reflexion: Findet täglich im Kleinen und Großen statt in Form von Dialogen und ist auch strukturell verankert in den *Kreisen* der Kinder, im *Kinderrat* und *Kinderparlament* oder in der *Kinderkonferenz*.

Die Stärkung des Gemeinschaftsgefühls und das Schaffen demokratischer Strukturen sind wichtige Kernpunkte der Schule.

Tipp

Es gibt bereits ein vielfältiges Angebot an Programmen, die ein demokratisches Miteinander unterstützen. Eine kleine Auswahl:

„Demokratie fördern. Vielfalt gestalten. Extremismus vorbeugen“ – das sind die Kernziele des Bundesprogramms „Demokratie leben!“. Dieser inhaltliche Dreiklang ist handlungsleitend. Mehr Infos unter:
https://www.bmfsfj.de/bmfsfj/themen/engagement-und-gesellschaft/bundesprogramm-demokratie-leben--73948

Modellprojekt Demokratische Schule:
https://www.schule-der-demokratie.eu/de

Demokratie lernen:
https://www.bpb.de/themen/bildung/dossier-bildung/503764/demokratie-lernen/

„Demokratie-Profis in Ausbildung! Politische Bildung mit Kindern“ Ein Modellprojekt 2020–2025:
https://demokratie-profis.adb.de/

Gemeinsam für Qualität: Kinder beteiligen im Ganztag: Ein Projekt des Bundesministeriums für Familie, Senioren, Frauen und Jugend. Gute Bildung – Gleiche Chancen:
https://kinder-beteiligen-im-ganztag.de/

Materialien für die Arbeit mit Kindern:
Arbeitsblätter für Schulkinder:
https://www.kinderdemokratie.de/downloads/arbeitsblaetterhefte/

Hands for Kids:
https://www.handsgermany.org/

Ausblick

Dieses Beispiel bildet keine Methode ab, die gesondert eingeführt werden kann, sondern bedeutet, eine Grundsatzentscheidung mit dem gesamten Team zu fällen, Demokratie an der Schule zu leben und sie dadurch erlebbar werden zu lassen für alle – für Kinder und Eltern, für Lehrkräfte und pädagogische Fachkräfte beziehungsweise für alle im Ganztag Beteiligten. Dies bewirkt eine Veränderung in der Struktur und daraus resultierend eine Veränderung der Kultur des Ganztags.

Mitentscheiden steht von Anfang an im Fokus, und das Mitgestalten wird praktisch erlebt in gemeinsamen Projekten und Aktionen im Ganztag und im Sozialraum.

Ganztag in Kooperation mit der Kinder- und Jugendhilfe ist ständiger Veränderung, auch gesellschaftlicher Veränderung, ausgesetzt. Demokratiebildung muss erlebbar sein und kann im Ganztag gelebt werden, wenn Kinder möglichst frühzeitig lernen, dass sie Rechte haben, dass sie mitgestalten können, dass es sich lohnt, sich für die eigenen Rechte einzusetzen. Die Kinder erleben Selbstwirksamkeit, auch innerhalb von Gruppensystemen. Demokratische Prozesse machen Freude und bringen Lebendigkeit in den Ganztag.

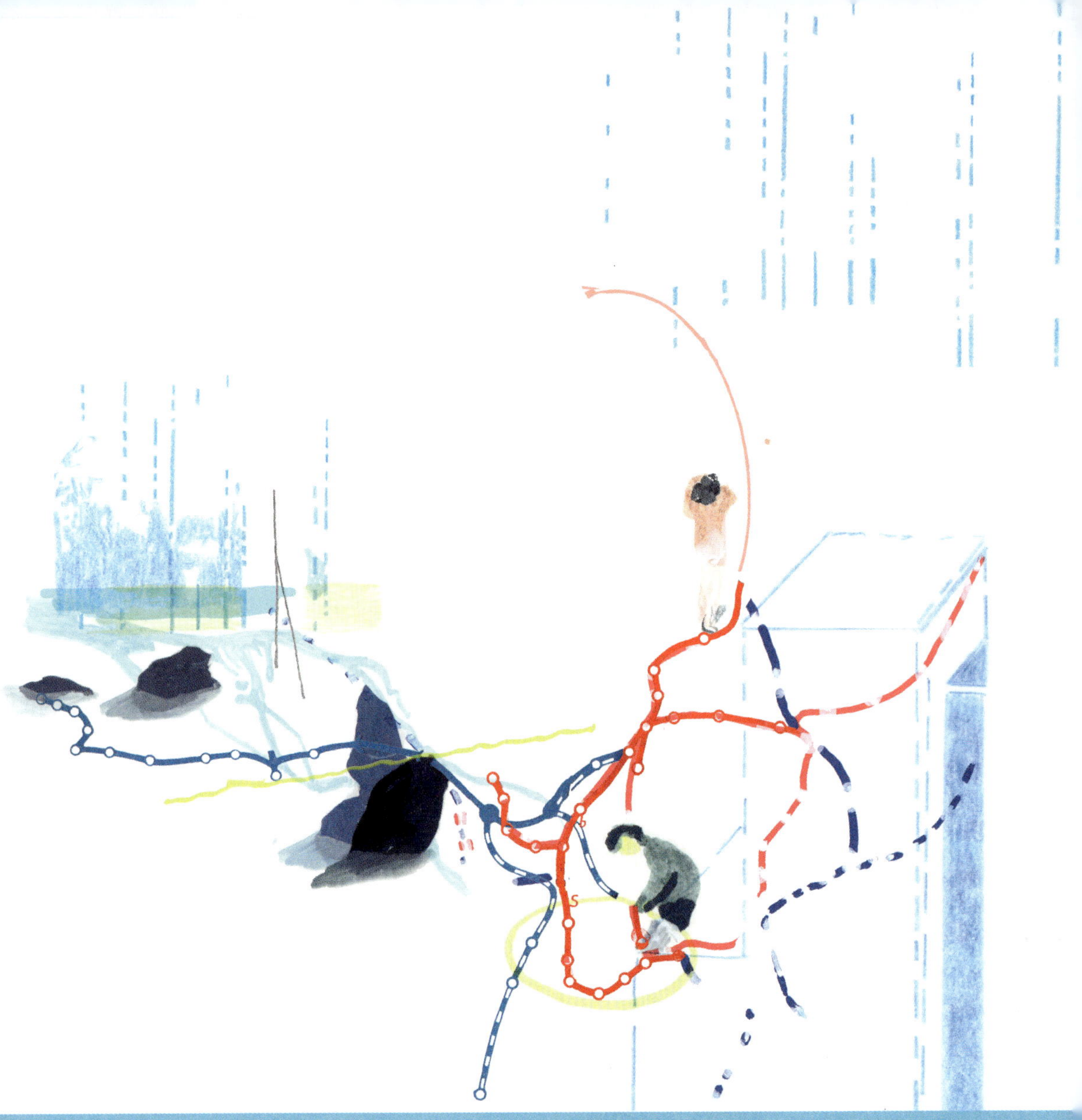

PRAXISBEISPIEL:

Sozialraumerkundung

Isabelle (Kind, 1. Klasse):
„Ich mag Ausflüge, dann fühle ich mich viel größer als eine Erstklässlerin."

Till (Kind, 4. Klasse):
„Mal rausgehen aus der Schule ist toll. Da kann ich auch mal andere Ort und Sachen sehen. Wir haben ganz viele Sachen besucht. Waren im Schwimmbad, waren in der Elbphilharmonie, sind bis ganz oben gegangen und haben uns ganz Hamburg angeschaut."

Dörte Elksnat (pädagogische Fachkraft):
„Ein gut gelingender Ausflug bedeutet, recht gut Bescheid zu wissen und auch Kolleg:innen einzubeziehen. Vor unserer Erkundung habe ich mir unseren Zielort genau angeschaut, von den Gehstrecken und von den Bus-Anbindungen her. Die Kinder brauchen einen Ort, wo sie ankommen können. Es war sehr warm im Sommer: Gibt es genügend Schattenplätze? Das zu wissen ist wichtig im Sommer. Der umgebende Wald bietet eine gute Atmosphäre."

Chancen & Herausforderungen

Ein grundlegendes Bedürfnis von Kindern im Grundschulalter ist Bewegung. Sie erkunden als Gruppe miteinander neue Orte, gehen in Dialoge über Entdeckungen und ihre neuen Erfahrungen. Sozialraumerkundung kann überall stattfinden: im nahe gelegenen Wald, am Fluss, in der Stadt, in Museen oder auch bei der Nutzung der öffentlichen Verkehrsmittel, vielleicht verbunden mit einem durch die Fachkraft angeleiteten Spiel. Kinder erweitern bei der Nutzung von Bus und Bahn ihre Mobilitätserfahrungen und ihre Orientierung im Sozialraum.
Kinder erfahren Teilhabe bereits während der Planungen bezüglich der Ortsauswahl, auch können Kooperationspartner im Sozialraum besucht werden, im folgenden Beispiel die Tiny-Farm. Dies ist ein Schritt zur Entwicklung einer lokalen Bildungslandschaft.

Sozialraumerkundungen im Hort Tigerente, GBS Hinsbleek, Hamburg Wandsbek

Beschreibung der Einrichtung:

Der Träger „Hort Tigerente e. V." betreibt neben zwei offenen Ganztags-Standorten auch eine Betreuung für Kinder bis zur 6. Klasse an einem Gymnasium sowie eine Kindertagesstätte.

274 Kinder im Alter von fünf bis elf Jahren besuchen die ganztägige Bildung und Betreuung an der Schule Hinsbleek im Hamburger Bezirk Wandsbek. Es arbeiten 19 pädagogische Fachkräfte im Hort.

https://hort-tigerente.de/tagebuch-hinsbleek/

Besondere Merkmale der Einrichtung

- Die pädagogische Arbeit erfolgt nach dem Situationsansatz. Die pädagogischen Fachkräfte orientieren sich an den Bedürfnissen und Interessen der einzelnen Kinder sowie der Gesamtgruppe.
- Kernmerkmal ist die sogenannte Offene Arbeit
- Im Fokus steht die Umsetzung der UN-Kinderrechte. Der Träger hat ein multiprofessionelles Kinderrechte-Team aufgestellt.
- Die Fachkräfte unterstützen alle Kinder in ihrer geschlechtsspezifischen Identitätsentwicklung und arbeiten differenzsensibel.
- Anmietung eines Naturgrundstücks auf dem Gelände des „Tiny-Farming-Bergstedt e. V.", in der Nähe der Ganztagsstandorte.
- Sozialraumerkundung und darüber hinaus Ausflüge in die Hamburger Innenstadt und das Hamburger Umland.

Einblicke – ein Ortsbesuch

Im Hort Tigerente e. V. hat die Erkundung des Sozialraums einen wichtigen Stellenwert: Neben den „normalen“ Angeboten wie Freispiel und diversen nachmittäglichen frei wählbaren und auch im Voraus für sechs Monate wählbaren Angeboten, erkunden die Fachkräfte mit den Kindern insbesondere während der Ferienbetreuung die Räume jenseits der Einrichtung: So geht es in die nahe Umgebung, aber auch mal etwas weiter weg in die Hamburger Innenstadt oder in ländlichere Gegenden. Beliebtes Ziel ist die Tiny-Farm in Bergstedt, wo der Trägerverein ein Naturgrundstück auf dem Gelände eines kleinstlandwirtschaflichen Ökoprojekts angemietet hat und mit dem Betreiberverein Tiny Farming Bergstedt e. V. kooperiert.
Bei einem Ausflug in der Ferienzeit ist eine Gruppe von 60 Kindern und 5 erfahrenen Fachkräften mit öffentlichen Verkehrsmitteln zur Tiny-Farm gefahren.

Isabelle: *„Am spannendsten fand ich den Hin- und den Zurückweg (zur Tiny-Farm, J. K.). Ich mag gern Abenteuer. Für mich ist ein Abenteuer, wenn ich durch den Wald gehe am Abend oder in der Nacht. Und irgendwo runterzuspringen und Sachen, die gefährlich sind, die mag ich auch gern.“* Die pädagogische Fachkraft Dörte Elksnat hat den Ausflug gut vorbereitet: *„Wir betreuen auch Kinder, die noch nicht so viel Erfahrung in der Natur sammeln konnten.“* Für diese Kinder wurden Decken eingepackt, damit sie sich wohlfühlen.

Bei diesem Ausflug haben die Kinder Kräuter geschnitten, gemeinsam Kräuterquark hergestellt und gegessen. *„Wenn wir im Grünen sind, dann gibt es auch was Grünes.“*

Transfer in die Praxis

Rahmenbedingungen und Strukturen

- *Zeitpunkt festlegen:* Gemeinsam mit den Kindern kann überlegt werden, welche Ziele in der näheren Umgebung für sie attraktiv sind, z. B. der nahe gelegene Wald oder der Fluss etc. Ausgehend von der Entfernung zwischen Einrichtung und Ziel muss der erforderliche Zeitaufwand kalkuliert werden. Es ist darauf zu achten, dass die Wegezeiten in Gruppen länger ausfallen als mit Einzelpersonen. Es wird Wünsche nach Aktivitäten geben, die aufgrund des höheren Zeitaufwands und ggf. auch der anfallenden Kosten oder auch des einzuhaltenden Fachkraft-Kind-Schlüssels in die Ferienzeit gelegt werden müssen. Hier gilt es, mit allen Beteiligten im Gespräch zu sein.
- *Kinderanzahl:* Richtet sich nach dem Fachkraft-Kind-Schlüssel in den Bundesländern. Bei Ausflügen wird seitens des Trägers abgewogen und eingeschätzt, wie die Konstellation der Gruppe ist. Brauchen einige Kinder eine Sonderregelung, vielleicht eine Begleitung? Es ist dafür Sorge zu tragen, dass alle Kinder sich am Ausflug beteiligen können.
- *Mögliche Ziele:* Alle Plätze können spannend und für die Kinder von Interesse sein. Einige Kinder kennen die nähere oder auch fernere Umgebung der Einrichtung sehr gut, sie werden einbezogen in die Planung. Es können direkt Fragen an die Kinder gestellt werden: Welche Orte kennt ihr hier in der Nähe des Hortes / der Schule? Welche findet ihr interessant? Ist der Ort zu Fuß erreichbar oder mit dem öffentlichen Nahverkehr? Vielleicht gibt es Kooperationen mit Einrichtungen der offenen Kinder- und Jugendarbeit (OKJA) wie Häuser der Jugend, Bauspielplätze oder auch Gemeindehäuser, die erkundet werden könnten?
- *Finanzierung:* Kooperationsverträge können geschlossen werden. Ausflüge in die nähere Umgebung sind oft kostenfrei. Wenn größere Ausgaben nötig sind, kann der Schulverein einspringen oder es können Stiftungsgelder für spezielle Projekte beantragt werden.
- *Sicherheit und Aufsichtspflicht gewährleisten:* Verantwortlich für die Sicherheit der Kinder und der Gruppe sind die zuständigen Fachkräfte. Vor einem Ausflug muss sichergestellt sein, dass der in den Bundesländern geltende Fachkraft-Kind-Schlüssel eingehalten wird. Außerdem ist vorab zu schauen, ob die Fachkräfte sich den Ausflug zutrauen und wie viel Erfahrung sie bereits haben. Auch Eltern können eingeladen werden sich zu beteiligen und die Gruppe zu begleiten. Die Verantwortlichkeit bleibt aber beim ausführenden Träger. Darüber hinaus sollten folgende Fragen geklärt sein: Ist es allen Kindern zuzutrauen, auf einen Ausflug zu gehen? Kennen sie die Straßenverkehrsregeln?

Braucht ein Kind ggf. Sicherheit durch eine enge Bezugsperson, um auf den Ausflug mitzukommen? Benötigt ein Kind eine engere Begleitung als andere Kinder? Wie können die Fachkräfte dies realisieren? Gibt es Befürchtungen bei den Fachkräften? Darüber sollten sich alle im Vorfeld austauschen. Wichtig ist, dass kein Kind ausgeschlossen wird.

Methodische und didaktische Umsetzung

Es gibt zahlreiche kreative Ideen zur Sozialraum-Erkundung mit den Kindern:

- Eine Sozialraum-Karte wird im Vorfeld gemeinsam mit den Kindern erstellt: Was gibt es in unserem Sozialraum?
- Das jeweilige Zuhause aller Kinder erkunden: Wir besuchen uns gegenseitig zu Hause, und an einigen Stationen wartet etwas Besonderes auf die Kinder: ein Picknick, ein Hinweis auf den nächsten Ort etc. Die Eltern werden im Vorfeld darüber informiert und gebeten, etwas bereitzustellen wie eine Tüte Bonbons oder Kekse oder auch Blumen, die mit in den Gruppenraum genommen werden. So haben die Kinder noch Erinnerungen an die Erkundung.
- Informationen über die zu besuchenden Orten werden Kindern im Vorfeld in leichter Sprache zugänglich gemacht. Und auch die Eltern werden mit einem Schreiben, einer ansprechenden Einladung informiert.
- Lupen zur Erkundung im Naherholungsgebiet / Wald / am Fluss / See etc. Bestimmungsbücher für Bäume / Pflanzen / heimische Tiere

Vorbereitung mit den Kindern

Abstimmungs- und Fragerunden mit den Kindern sollte es im Vorfeld geben: Offene Fragen können gestellt werden, wenn die Möglichkeit besteht, dass Kinder tatsächlich entscheiden können, wohin die Erkundung geht, welche Orte aufgesucht werden könnten: Welche Orte wollt ihr aufsuchen? Wo wollen wir mal hingehen? Was findet ihr spannend? Was interessiert euch? Was kennt ihr?

Und auch geschlossene Fragen können gestellt werden, um zu begrenzen, wenn beispielsweise wenig Zeit für die Erkundung ist. Fachkräfte setzen im Vorfeld einen Rahmen, den sie den Kindern mitteilen: „Wir haben heute 1,5 Stunden Zeit eine Erkundung zu machen und könnten an diese drei Ziele gehen: a), b) oder c).“

Klärung der Bedarfe und Bedürfnisse der Gruppe im Vorfeld. „Lasst uns gemeinsam überlegen was wir brauchen, damit wir Freude haben auf dem Ausflug. Was fällt euch ein? Was brauchst du, damit du dich wohlfühlst? Passt das für alle? Wir können auch Ausnahmen für einzelne Kinder machen: Ich sehe, dass Kind a gern weiter entfernt von der Straße läuft, wie kann das gehen? Wer hat Ideen?“

Klarheit für alle Kinder schaffen, indem die Fachkräfte den Rahmen erklären: Was passiert auf der Erkundung? Wo reisen wir hin? Fahren wir mit dem Nahverkehr? Gehen wir zu Fuß?

Die *Verantwortlichkeiten* werden klar benannt: Wofür sind die Fachkräfte verantwortlich? Wofür jedes einzelne Kind?

Klärung, was wichtig ist für die Fachkräfte zum Thema *Sicherheit*: Uns ist wichtig, dass wir gut zu den Orten kommen. Was können wir alle dafür tun, dass wir mit Freude dort sein können? Welche Ideen habt ihr? Was macht ihr dafür? Wir (Fachkräfte) sorgen für a), b) und c). Braucht ihr noch was?

Informationen geben, was bei den einzelnen Zielen zu erwarten ist, was es zu sehen, zu spielen und zu erleben gibt, um Transparenz zu schaffen.

Zum Ende des Ausflugs oder auch an einem der Folgetage kann miteinander reflektiert werden: Wie habt ihr den Ausflug / die Erkundung empfunden? Was lief gut? Was war nicht gut? Was soll nächstes Mal anders sein und warum? Was kannst du dazu beitragen? Was hast du gelernt? Was war neu für dich?

Ausblick

Kinder werden selbstverständlicher mit ihnen zunächst unbekannten Situationen und Orten umgehen können, wenn sie bereits Übung und Erfahrung damit haben. Sie erfahren einen Umgang mit Unsicherheit in einem fest abgesteckten und für sie sicheren Raum in Begleitung ihnen bekannter Fachkräfte. Sie sammeln innerhalb ihrer Peergruppe neue Erfahrungen, erleben ggf. auch herausfordernde Situationen. Das bringt die Gruppe zusammen und stärkt das „Wir"-Gefühl.

Kinder lernen ihre Umgebung kennen, werden gestärkt in ihrer Mobilitätserfahrung und erweitern ihren Bewegungsradius. Sie entdecken womöglich neue Orte, die sie in ihrer Freizeit aufsuchen können. Sie können ermutigt werden, ihre Erlebnisse und Erkenntnisse mit ihren Geschwistern und Eltern zu teilen, ihnen die Umgebung zu zeigen. Wichtig ist von Seiten der Einrichtung, den Eltern gegenüber transparent zu machen, welche Orte aufgesucht werden und auch die Ziele zu beschreiben. Das schafft Sicherheit und Vertrauen auf allen Seiten.

Till:
„Uns wurde gezeigt, wie Imker den Honig machen. Dann haben wir auch die Waben gesehen. Wir durften selbst den Honig abstreichen. Und dann haben wir den in einen Eimer gemacht, und dann wurde geschleudert. Jeder durfte das machen. Wir durften danach den Honig probieren. Danach haben wir noch etwas gebaut mit Steinen, Wasser, Moos. Wir haben eine Tränke gebaut, aus der Tiere trinken können. Ich wusste vorher nicht, dass man so eine Tränke baut. Ich fand es faszinierend."

PRAXISBEISPIEL:

Ferienprojekt Kinderstadt

Maryam (Kind):
„Ich als Bauarbeiterin habe gelernt, mit dem Hammer zu arbeiten. Und ich weiß jetzt, wie ich Holz zerkleinere. Ich habe nämlich gelernt, wie ich mit der Säge arbeite."

Talya (Kind):
„Ich habe als Schneiderin ein Kissen genäht. Das konnte ich vorher noch nicht und das hat Spaß gemacht."

Mohammed (Kind):
„Alle Tage haben mir gefallen, am meisten aber, dass ich Bürgermeister war und auch mal bei der Bank arbeiten konnte."

Chancen & Herausforderungen

Bei einem Spielprojekt schaffen Kinder für fünf Wochentage eine eigene kleine Stadt und erproben das Leben in dieser Stadt: Die Kinder bekommen spielerisch die Möglichkeit, in den Arbeitsalltag von Erwachsenen einzutauchen. Sie erhalten ihr eigenes (Spiel)Geld, das sie in ihrer Stadt ausgeben können. Sie bekommen Einblicke in verschiedene Berufsfelder sowie Informationen zu den Ausbildungswegen. Bei gemeinsamen Spaziergängen haben sie im Vorfeld ihre Umgebung als Sozialraum erlebt, haben im Stadtteil Wege und Orte erkundet, Menschen und ihre Tätigkeiten/Berufe kennengelernt. In diversen Diskussionsrunden, in denen miteinander die Regeln des Projektes diskutiert werden, sowie bei der Lösung von Konflikten untereinander erweitern Kinder ihre Fähigkeiten im demokratischen und sozialen Miteinander. Sie sind aktiv involviert bei der Gestaltung des Projektes.

Kinderstadtprojekt: „Wir bauen uns unsere Stadt Williburg“ in Hamburg, Wilhelmsburg

Beschreibung der Einrichtung:

Der Träger Froschteich betreibt im Hamburger Stadtteil Wilhelmsburg zwei Kitas sowie einen Hort in Kooperation mit zwei Ganztagsschulen und einem Regionalen Bildungs- und Beratungszentrum. 140 Kinder im Alter von 5 bis 11 Jahren besuchen den Froschteich, von der Vorschulklasse bis zur 4. Klasse der Grundschule. Der Hort versteht sich als inklusive Einrichtung, d. h. jedes Kind ist willkommen. Es arbeiten acht pädagogische Fachkräfte im Hort, zusätzlich unterstützen noch einzelne Honorarkräfte, FSJler:innen und auch Praktikant:innen.

Besondere Merkmale der Einrichtung sind:

- Einbezug des Sozialraumes: Ausflüge mit den Kindern finden regelmäßig statt. Kooperationen mit unterschiedlichen Organisationen im Stadtteil sind etabliert und können bei diversen Projekten und Ausflügen hinzugezogen werden.
- Beziehungsarbeit mit den Eltern ist an diesem Standort sehr wichtig.
- Über die Bildung und Betreuung der Kinder hinaus finden in den Räumen auch Frauentreffen an Abenden und am Wochenende statt.
- Ein interkultureller Garten wurde gegründet. Ein generationsübergreifender Treffpunkt ist entstanden, wo neben Gartenarbeiten und gemeinsamer Ernte des angebauten Gemüses auch gegenseitiger Austausch zu unterschiedlichsten Themen stattfindet.
- Die Vielfalt, die sich bei den Hort-Kindern findet, spiegelt sich auch im Team wider.
- Jedes Teammitglied ist aufgefordert, sich zu beteiligen und die Ausgestaltung des Ganztags aktiv mitzugestalten.

Einblicke: „Wir bauen uns unsere Stadt Williburg“

In Anlehnung an die Idee der „Kinderstadt“, das sind pädagogisch betreute (Groß-)Spielprojekte zur Partizipation von Kindern, wird mittlerweile jährlich das Projekt „Wir bauen uns unsere Stadt Williburg“ ins Leben gerufen. Hauptziel der „Williburg“ ist es, den Kindern während des Spielprojekts das Kennenlernen unterschiedlicher Berufe zu ermöglichen, indem sie sie aktiv erproben. Die Kinder vom „Froschteich“ sprechen bei der Berufsauswahl mit. Sie diskutieren und entscheiden gemeinsam mit den Fachkräften, welche Berufe sie innerhalb der Projektwoche kennenlernen möchten.

Erwachsene aus dem Stadtteil unterstützen die Fachkräfte des Hortes bei der Realisierung des Projektes, damit möglichst viele Berufe ausgeführt werden können. Hier geht es neben dem Kennenlernen von diversen Berufen auch um demokratische Prozesse, die quasi nebenbei, im Tun, erfahrbar werden.

Alle Kinder des „Froschteichs“ probieren innerhalb des Projektes ihnen (un) bekannte Berufe täglich in einem Zeitfenster von drei Stunden aus. Sie verdienen ihr eigenes (Spiel)Geld. Die Kinder haben sich in der Vorbereitung für diese Berufe entschieden: Es gibt Bank- und Postangestellte, auch das Arbeitsamt ist besetzt, ebenso wie die Berufe der Köchin, Gärtnerin, Hausmeisterin, Steinmetz, Malerin, Friseurin und Kosmetikerin, Ärztin, Erzieherin, IT-Ingenieurin.

Die Kinder lernen, Unterlagen auszufüllen, digital und mit der Hand. Sie schreiben Postkarten an ihre Eltern und Großeltern, gehen zur Post und kaufen Briefmarken. Bei der Bank erhalten sie ihre Lohnzettel.

Alle Kinder beteiligen sich den gesamten Tag an der Ausgestaltung und lernen dabei spielerisch und doch mit Ernsthaftigkeit die Arbeitswelt kennen. Sie sind selbstwirksam und produktiv, erstellen nachhaltige Produkte wie beispielsweise einen Tisch, an dem sie sitzen können.

Auch fürs Essen sorgen die Kinder gemeinsam mit einer Köchin: Ausgehend von den Wünschen der Kinder wird überlegt, welche Zutaten gebraucht werden. Auch über die Kosten einer Mahlzeit wird gesprochen. Eine Gruppe bereitet kleine Gerichte zu. So sammeln die Kinder Erfahrungen, wie man sich mit wenig Geld gesund verpflegen kann.

Am Nachmittag können sie ihr verdientes Geld in Williburg ausgeben. Es gibt einen Kiosk, einen Kicker, die Möglichkeit, Tischtennis zu spielen. Sie können ins Kino gehen oder sich einfach miteinander entspannen. An zwei Abenden übernachten die Kinder in der Williburg und frühstücken am nächsten Morgen gemeinsam.

Transfer in die Praxis

Rahmenbedingungen und Strukturen

- *Zeitpunkt festlegen:* Innerhalb der Ferien oder in einer Projektwoche
- *Kinderanzahl:* Für 30–50 Kinder ist das Projekt in einer überschaubaren Vorbereitungszeit gut und kostengünstig realisierbar. Je größer die Zahl der teilnehmenden Kinder, desto aufwendiger ist die Gestaltung der Kinderstadt. Um kalkulieren zu können, empfiehlt sich eine vorherige Anmeldung der interessierten Kinder am Projekt.
- *Dauer festlegen:* In diesem Beispiel wird eine Fünf-Tage-Woche mit täglich drei Stunden Arbeit in unterschiedlichen Berufen angeboten. Begonnen werden kann auch mit einem Tag. Je länger die Dauer, desto komplexer und aufwendiger ist der Vorbereitungsaufwand für die Fachkräfte.
- *Räumlichkeiten:* Passende Räumlichkeiten sind wichtig, auch Außengelände oder öffentliche Orte können einbezogen werden. Wichtig ist darauf zu achten, dass es Wohlfühlorte von Kindern sind, wo sie Freude daran haben, sich frei zu entfalten und es so ggf. leichter fällt, gewohnte Rollenmuster zu verlassen.
- *Finanzierung:* Kleinere eintägige Projekte sind kostengünstig zu realisieren. Auch das vorgestellte Projekt hat keine Extra-Gelder gebraucht. Um Kosten zu minimieren ist es empfehlenswert, Kooperationspartner im Sozialraum zu suchen. Wenn es ein Netzwerk gibt und die Fachkräfte überzeugend auftreten, ist es leichter, Interessierte zu motivieren, sich unentgeltlich / ehrenamtlich in einem der Berufsfelder zu beteiligen.
  Auch Stiftungen können im Vorfeld angeschrieben werden.

Tipp

> Einige Kinderstadt-Angebote erheben einen Teilnahmebeitrag. Es ist jedoch zu beachten, dass dies dazu führt, dass einzelne Kinder dann nicht teilnehmen können. Daher ist eine Planung ohne gesondert zu entrichtendes Entgelt unbedingt zu empfehlen.

- *Sicherheit und Aufsichtspflicht gewährleisten:* Wichtig ist, die Sicherheit der Kinder zu gewährleisten und die Aufsichtspflicht zu wahren. Jedem Beruf ist eine anleitende erwachsene Person zugeteilt, die sich in diesem Bereich besonders gut auskennt. Sie sollte ihr Wissen den Kindern mit Ernsthaftigkeit und Offenheit nahebringen und sie in ihrem Tun ernst nehmen. Die Fachkräfte sind in der Nähe, wenn es darüber hinaus Fragen und Probleme geben sollte.

Vorbereitungen

Bestenfalls nehmen die Fachkräfte im Vorfeld aktiv an einem Kinderstadt-Projekt teil. Vielleicht gibt es eine Kinderstadt im Sozialraum, wo hospitiert werden kann? Auch im Internet sind nützliche Informationen zu größeren Kinderstadt-Aktionen zu finden (https://kinderstadt.hamburg/ oder auch https://www.stormini.de/).

Materialien werden vorbereitet und zur Verfügung gestellt:

- Voraussetzung für die Teilnahme der Kinder ist eine Einverständniserklärung der Eltern. Die Eltern sollten in die Vorbereitungen aktiv eingebunden werden.
- Ein zeitlicher Ablaufplan und Listen mit den jeweiligen Berufsgruppen und den zugeordneten Orten werden auf Höhe der Kinderaugen ausgehängt.
- Jede einzelne Berufsgruppe bekommt die notwendigen Materialien, um arbeiten zu können. Für den Gärtner gibt es z. B. Werkzeuge wie Heckenscheren, Handschuhe, Erde, Blumenkübel zum Bepflanzen, Blumen und Sträucher, Rasenmäher usw.

Vorbereitung mit den Kindern

Gesprächsrunde: Kinder und Fachkräfte sammeln gemeinsam Ideen zur Kinderstadt, z. B. mit Hilfe eines Brainstormings oder einer Mindmap. Die Bedürfnisse und Interessen können mit Impulsfragen ermittelt werden: Welche Berufe kennt ihr? Welche wollt ihr kennenlernen?

Sozialraumarbeit: Vorgeschaltet werden kann auch die Gestaltung einer Karte / eines Stadtplans, wo wichtige Ansprechpersonen und Einrichtungen in der Stadt / im Quartier eingetragen werden. So können die Kinder den eigenen Lebensraum, das soziale Umfeld besser kennenlernen.

Ausgehend von Fragen wie: Welche Einrichtungen kennst du? Welche Berufe haben die Menschen, denen du begegnest? Was macht diesen Beruf aus? – können Stadtspaziergänge / Erkundungstouren initiiert werden, um genauer nachzuschauen und vor allem bei den Menschen nachzufragen. So können bestimmte Stellen aufgesucht werden wie die Schulleitung, Häuser der Jugend, Familienzentren, Büchereien, Kitas, Ärzte, Apotheken, Banken, die Post, Friseure, Bäckereien, Krankenhäuser, Polizei, Feuerwehr, Einkaufsläden, Supermärkte, Schwimmbäder, Sportvereine, Spielplätze, Bauspielplätze oder auch Jugendämter.

Kinder führen ggf. Interviews mit Menschen, die unterschiedliche Professionen ausüben, um eine Idee von den verschiedenen Tätigkeiten / Berufen zu bekommen.

Informationen zu den einzelnen Berufen werden mit den Kindern gemeinsam erstellt und ausgedruckt. Diese werden den Kindern zugänglich gemacht und an einen sichtbaren Ort aufgehängt. Die Bedeutung der einzelnen Berufe wird gemeinsam recherchiert und erklärt.

In den Tagen vor dem Projekt werden Listen mit Berufsgruppen und auch den Stundenlöhnen sowie den Freizeitaktivitäten ausgehängt, die von den Kindern in den Wochen zuvor gemeinsam mit den Fachkräften zusammengestellt worden sind.

Struktur aufbauen: Die Kinder teilen sich selbst ein, was sie an dem jeweiligen Tag machen wollen. Die Arbeitszeit kann festgesetzt werden, in der Willisburg lag sie bei maximal drei Stunden.

Silvia Cihak (Trägerin und Leitung):
„Bei uns sind einige Kinder, deren Eltern keine Arbeit haben. Wir sind mit den Kindern daher in Gespräche gegangen über die Bedeutung von Arbeit und darüber, eigenes Geld zu verdienen. Alle Kinder haben sich jeden Tag im Projekt einen Beruf ausgesucht, den sie ausprobieren wollten. Sie haben durchgehalten, auch wenn es mal schwierig wurde. Uns Fachkräften war wichtig, Perspektiven aufzuzeigen und darüber zu sprechen, welche Berufe sie mit einem Schulabschluss ausüben könnten. Wir haben uns auch damit beschäftigt, wie lange eine Ausbildung geht und welche Voraussetzungen im Vorfeld erfüllt sein müssen."

Ausblick

Die Kinder erleben die Strukturen einer Stadt, das Zusammenspiel von Verwaltung, Handel, Dienstleistung, Arbeit, Angebot und Nachfrage, Kultur und Sport, Geld verdienen und ausgeben, Geldumlauf spielerisch.

Darüber hinaus erhalten Kinder Einblicke in diverse und ggf. auch ihnen unbekannte Berufsfelder. Sie können ihre Fähigkeiten in einem sicheren Rahmen an einem für sie bekannten Ort ausprobieren.

Mit Erfahrung in der Umsetzung eines Projektes Kinderstadt kann diese auch vergrößert werden und neue Berufsgruppen hinzugewonnen werden, ebenso wie größere Räumlichkeiten, in denen gearbeitet wird.

Eingebettet werden kann dieses Spiel auch in eine kontroverse Diskussion und Auseinandersetzung mit Kapitalismus.

Herausforderungen wagen – Haltungen verändern

In den Beispielen werden Leuchttürme für gelungene Umsetzung von Partizipation beschrieben. Dahinter steht jeweils ein kontinuierlicher Prozess mit fortlaufenden Herausforderungen, die gemeinsam mit allen im Ganztag Beschäftigten zu lösen sind.

Beteiligung verändert Haltungen und Werte, Strukturen und alltägliches Handeln.

Und das kann gleichzeitig die Qualität und Intensität der Beteiligung erweitern.

Miteinander in Kooperation wird eine partizipationsfreundliche Kultur entwickelt. Die Führungskräfte wie Schulleitung und Trägerleitung nehmen hierbei Schlüsselpositionen ein. Partizipation beginnt in den Köpfen der Erwachsenen. Sie sind dafür zuständig, den notwendigen Rahmen zu schaffen. Denn Partizipation ist ein Schlüssel zu Bildung und Demokratie. Partizipation braucht methodische Kompetenzen. Partizipation entsteht durch Erfahrung und Reflexion. Partizipation führt zu Teamentwicklungsprozessen.

Alle Kinder, ihre Rechte, ihre Bedürfnisse und Interessen sollten an oberster Stelle stehen.

Werden diese Aspekte beachtet, dann kann Ganztag geprägt sein von ...

- einer Vertrauenskultur
- Freiräumen für Kinder
- Freude am Lernen und an Bildungsprozessen
- einer Verbindung von formaler, non-formaler und informeller Bildung
- demokratischen Prozessen
- einem wertschätzenden Miteinander
- Gemeinschaft
- Offenheit und Klarheit

Die Kinderinteressenvertretung ist ebenfalls eine Aufgabe von Fachkräften und Lehrkräften und kann in Form einer Kinder(rechts)beauftragten und in Form von Etablierung von Beschwerdestellen geschehen. Eine Kinderinteressenvertretung ist darauf ausgerichtet, die gesellschaftliche Stellung aller Kinder zu stärken und ihre eigenständigen Handlungs- und Partizipationsmöglichkeiten zu erweitern – so auch im Ganztag.

Kinder brauchen niedrigschwellige und effektive Kinderinteressenvertretungen in den pädagogischen Institutionen und im kommunalen Raum.

- Partizipation wird meist nur als „Projekt" konzipiert. Aber: Die Partizipation im Alltag sollte angestrebt und umgesetzt werden.
- Kinderinteressen sind vielfältig, im Leben der Kinder verwurzelt, von Kultur zu Kultur und von Kind zu Kind verschieden und verändern sich stetig.

Mögliche Kriterien der gemeinsamen Interessen von Kindern:

- Alles, was dem Kind schadet, widerspricht seinem Interesse.
- Alles, was das Kind begünstigt und fördert, entspricht seinem Interesse.
- Alles, was die Lebensfreude und das Wohlbefinden des Kindes erweitert, entspricht seinem Interesse.
- Alles, was die Lebensperspektiven des Kindes erweitert, entspricht seinem Interesse.
- Alles, was der Emanzipation des Kindes zugutekommt, entspricht seinem Interesse (vgl. Liebel 2015).

Partizipation ist die Grundlage der Demokratiebildung und übt demokratisches Handeln.

Links & Literatur

(Letzter Zugriff auf alle in diesem Band genannten URL am 25.4.2023)

Enderlein, Oggi (2015): Schule ist meine Welt. Ganztagsschule aus der Sicht der Kinder. Themenheft 8 (7. akt. und überarb. Aufl.) hrsg. von der Deutschen Kinder- und Jugendstiftung, Berlin.

Enderlein, Oggi (2023): Alterstypische Lebensthemen und Bedürfnisse von „Großen Kindern" und ihre Bedeutung für die Entwicklung. In: Plehn, Manja (Hrsg.): Qualität in Ganztag, Hort und Schulkindbetreuung, Freiburg, 110–128.

Hart, Roger & Gernert, Wolfgang (2009): Partizipation als Stufenmodell. In: Punktturm (4), 9.

KMK (2021): Allgemeinbildende Schulen in Ganztagsform in den Ländern in der Bundesrepublik Deutschland. Statistik 2016 bis 2020, hrsg. vom Sekretariat der Ständigen Konferenz der Kultusminister der Länder in der Bundesrepublik Deutschland: IV C – DST 1933-4(20).

Liebel, Manfred (2015): Kinderinteressen. Zwischen Paternalismus und Partizipation, Weinheim & Basel.

Qualitätsrahmen Partizipation Qualitätsforum Hamburg (2018): https://www.diakonie-hamburg.de/export/sites/diakonie/.galleries/downloads/Fachbereiche/KJ/Qualitaetsrahmen-Partizipation-2018.pdf

Walther, Bastian; Nentwig-Gesemann, Iris; Fried, Florian (2021): Ganztag aus der Perspektive von Kindern im Grundschulalter. Eine Rekonstruktion von Qualitätsbereichen und -dimensionen, Gütersloh.

Wedewardt, Lea & Cantzler, Anja (2022): Sich seiner selbst bewusst sein. Biografische Selbstreflexion für pädagogische Fachkräfte, Freiburg.

Zum Weiterlesen:

Dewey, John (1993): Demokratie und Erziehung, hrsg. u. mit einem Vorwort von Jürgen Oelkers, Weinheim.

Hansen, Rüdiger; Knauer, Reingard, Sturzenhecker, Benedikt (2011): Partizipation in Kindertageseinrichtungen. So gelingt Demokratiebildung mit Kindern, Weimar.

Korczak, Janusz (2001): Von Kindern und anderen Vorbildern, Gütersloh.

Kinderrechte: https://www.institut-fuer-menschenrechte.de/themen/kinderrechte/partizipation

Kinder- und Jugendstärkungsgesetz: https://www.bmfsfj.de/bmfsfj/service/gesetze/neues-kinder-und-jugendstaerkungsgesetz-162860

Kinder- und Jugendhilfe in Deutschland: https://www.kinder-jugendhilfe.info/strukturen/leitorientierungen-und-verfahrensprinzipien/leitorientierung-partizipation-in-der-kinder-und-jugendhilfe

Was bedeutet Partizipation und was macht sie mit der Macht der Erwachsenen? https://www.betrifftkinder.eu/zeitschrift/betrifft-kinder/betrifft-kinder-2011/bk-0511/508-was-bedeutet-partizipation.html

Partizipation im Kontext von Kinder- und Jugendarbeit – Voraussetzungen, Ebenen, Spannungsfelder | Positionspapier der Arbeitsgemeinschaft für Kinder- und Jugendhilfe – AGJ https://www.agj.de/fileadmin/files/positionen/2018/Partizipation_im_Kontext_von_Kinder-_und_Jugendarbeit.pdf

Bedingungen gelungener Partizipation in der Schule: https://www.ifdem.de/beitraege/bedingungen-gelungener-partizipation-in-der-schule/
Der Klassenrat aus Schülersicht: https://mateneen.eu/artikel/klassenrat-aus-schuelersicht/
Allgemeine Infos zum Klassenrat: https://www.derklassenrat.de/
Infos zum Kinderparlament: https://www.herder.de/kiga-heute/fachmagazin/archiv/2019-49-jg/5-2019/ich-bin-dafuer-kinder-beteiligen/
Schule mitgestalten im Kinderparlament https://deutsches-schulportal.de/konzepte/i-learn-zeit-und- kinderparlament-individuell-lernen-gemeinsam-entscheiden/

Qualitätsrahmen für Ganztagsschulen DJI: https://www.ganztaegig-lernen.de/qualitaetsrahmen-fuer-ganztagsschulen
Mehr Schule wagen (Bertelsmannstiftung): https://www.bertelsmann-stiftung.de/fileadmin/files/Projekte/27_In_Vielfalt_besser_lernen/170511e_ganztagsschule_doppelseiten_small-mehr-schule-wagen-empfehlung_fuer-guten-ganztag.pdf
Braunschweiger Modell: https://www.braunschweig.de/leben/soziales/kinderbetreuung/ogs.php
Gebundene Ganztagsschule – Ansätze zur Gestaltung: https://www.ganztaegig-lernen.de/gebundene-ganztagsschule-ansaetze-zur-gestaltung
Offene Arbeit – ein inklusives und partizipatives Konzept: https://www.nifbe.de/component/themensammlung?view=item&id=523:offene-arbeit-ein-inklusives-und-partizipatives-konzept

Hamburger Ganztag: https://www.hamburg.de/ganztagsschule/4326504/gbs/
Raum Hamburger Ganztag: https://www.hamburg.de/ganztagsschule/16558816/raum-fuer-vielfaeltige-beduerfnisse/
Schülerpartizipation: Hamburg macht Schule 2014 https://www.hamburg.de/contentblob/4377654/87c0671c3c39f35f8a38dfcedf24a006/data/hms-3-2014.pdf
Ganztag qualitätvoll gestalten (Hamburg): https://www.hamburg.de/contentblob/15674888/2a746c634f6879fcb1c578b46e7755f7/data/hms-11-2021-dl.pdf
Hamburger Qualitätsdimensionen: https://www.hamburg.de/contentblob/4406308/fa18e728e18356871d3aaf29b1d7a58c/data/qualidimensionen-dl.pdf
Netzwerk Ganztag Hamburg: https://netzwerkganztag-hh.corsizio.com/

PODCAST

Demokratie und Vielfalt – Alle inklusive? Der KiTa-Podcast: Wenn junge Demokrat*innen in die Schule kommen – die Rolle der Fachkräfte und der Eltern.

Dank

Mein Dank gilt den Trägern der Kinder- und Jugendhilfe, den Schulen und den pädagogischen Fachkräften, insbesondere jedoch den Kindern vom Froschteich, den Kindern der Comeniusschule, den Kindern der Merianschule, den Kindern der Reformschule – Stadtteilschule Winterhude und den Kindern vom Hort Tigerente e. V. Durch euch und eure Stimmen konnte das Buch mit Leben gefüllt werden.

Kontakt zur Autorin:
www.juliaklimczak.de
www.partizipation-im-ganztag.de

Die Autorin

© privat

Julia Klimczak, ist Diplom-Pädagogin, Erlebnispädagogin und Umweltbildnerin und war viele Jahre in der Offenen Kinder- und Jugendarbeit sowie in den Hilfen zur Erziehung in Hamburg tätig. Aktuell arbeitet sie bei SOAL Alternativer Wohlfahrtsverband Hamburg e.V. als Jugendhilfereferentin und Fachberaterin für ganztägige Bildung und Betreuung am Nachmittag und setzt sich mit viel Engagement für die Umsetzung von Kinderrechten ein.

Die Illustratorin

© Bina Engel, Hamburg

Sünne van der Meulen, geboren 1980 in Lübeck, lebt mit ihrer Familie in Hamburg. Nach dem Studium – Kommunikationsdesign, Bildende Kunst und Illustration – in Barcelona, Groningen und San Francisco, arbeitet sie für Buchverlage, illustriert für internationale Magazine, Geschäftsberichte und Museen. Daneben verfolgt sie eigene Projekte im Alleingang oder in Zusammenarbeit mit anderen und nimmt an Ausstellungen teil.
www.suenne.eu